特別の教科

道徳

板書で見る

全時間
の授業のすべて

中学校**2**年

徳

田沼茂紀 編著

東洋館
出版社

まえがき

　今、中学校の道徳科が熱い。平成27（2015）年３月の学校教育法施行規則改正に伴う小・中学校学習指導要領一部改正によって、昭和33（1958）年９月より60年余の足跡を刻んできた我が国の特設「道徳の時間」が「特別の教科　道徳」＝道徳科へと移行転換した。その教育目標、内容、指導法等の特質から「特別の」という冠は載せられてはいるものの、各学校の教育課程編成においてはれっきとした教科教育として位置付けられたのである。この道徳科への移行転換は、学校教師、保護者のみならず、その授業の主人公である生徒たちにとっても有意味な学びをもたらすこととなったのである。

　道徳科、この新たな特別の教科がもつ意味はとてつもなく大きい。なぜなら、それまでの各学校における道徳教育推進や道徳の時間の指導実態を思い起こしていただければ明白である。まず、教科書がない。それに、せっかく熱心に指導したとしても、そこでの学びのよさを学習評価してそれを生徒に伝えたり、通知表や指導要録に記録として留めたりすることで次の新たな学びへ発展させるといった学習継続性を担保することも求められてこなかった。

　進学時の内申書等にも関係しない年間35時間、ただでさえ教科指導時数不足や取り組むべき喫緊の教育課題山積で悩む中学校において、そんな裏付けのない道徳の時間を大切に指導する教師は「熱心さ」を通り越してその頭に不謹慎な２文字が付くような奇特な人といったイメージすらもたれていたのである。それが「特別の教科　道徳」として教科教育に位置付けられて検定済み教科書も無償配布され、学習評価も求められるようになると、教師は俄然やる気スイッチを全開にして取り組みはじめたというのが偽らざる実相であろう。

　その理由は、簡単なことである。言うまでもなく、道徳科には他教科のように担当するための教員免許状は不要である。ソクラテスをはじめ、多くの先人が語っているように、学校教育は人格形成を究極目的とする道徳教育そのものである。その人格形成に必要な教員免許状を取得する際、誰一人例外なく教職科目を共通して学ぶのである。つまり、担当教科の前に道徳教育を学んでいるのである。

　だから、「なぜ教師になろうとしたのか」と問われれば、多くの教師は生徒の人格的成長の過程を共に歩みたいからと即答するのである。今般の道徳科への移行転換は、多くの教師にとって自らの原点を再度自問する「自己内対話」の機会となったのである。だから今、中学校の教師は道徳科に熱い眼差しを向け、それぞれのスタンスで道徳科と関わろうとしている。これからの道徳科の発展が楽しみである。

　さて、本書刊行の意図はここにある。教師個々が教職として自己実現を果たすには、当然ながらそれに係る専門性や指導スキルが不可欠である。それを年間の全授業の全体像が見える板書のみでなく、教材を最大活用するための指導ポイントを丁寧に解説したのが本書である。

　この一冊が多くの教師の自己実現のための「道標」となることを願っている。

　令和４年弥生

編著者　田沼　茂紀

1　2年生の発達の段階に応じた道徳科の授業づくりの考え方

2　令和時代の中学校道徳科授業構想とその展開 〈全学年共通〉

3　第2学年における道徳科授業の展開

A　主として自分自身に関すること

4 特別支援学級における道徳科授業の展開

本書の活用に当たって

　本書の各事例を、各学校で生かしていただくために、各ページの活用に際しては、特に次のことにご留意ください。

取り上げている教材について

　本書では、各事例を先生方に幅広く参考としていただけるように、道徳教科書を発行している全ての教科書会社ではありませんが、そのうちの5社の各教科書に掲載されている教材であるとともに、多くの教科書に掲載されている教材や定評のある教材をできるだけ選ぶように努めました。

　なお、同一の教材でも、教科書によって、教材名、教材文中の登場人物の名前、文章表現、使用する学年等が変わっていることがあります。

教材の出典について

　活用の参考となるように、各事例で用いる教材の出典を教材名の右上に五十音順で記載しました。道徳教科書については令和2年度版の検定済教科書によっていますが、版によって収録される教材が入れ替わる場合もありますのでご留意ください。

　なお、「出典」の略記は、それぞれ下記出版社の教科書を表しています。

　　学研：学研教育みらい　　　教出：教育出版　　　東書：東京書籍
　　日文：日本文教出版　　　　光村：光村図書

著作権上の規定について

　各学校においては、各地域で採択された教科書を使用していることと思います。授業において、生徒用に配布されていない教科書に掲載されている教材を活用する際には、著作権上の保護規定にくれぐれもご留意ください。

各事例で用いる用語について

　道徳の授業展開や板書に関わる各用語については、編著者のほうである程度統一を図りましたが、各執筆者が日常の実践の中で用いる用語も大切にして書いていただいています。したがって、例えば、黒板に貼る文字を書いた「文字短冊」についても、「文字カード」「板書カード」「フラッシュカード」等、事例によって表現が異なる場合もあります。ご承知の上、ご活用ください。

　なお、第4章では、特別支援学級の当該学年段階で、特に、知的障害や発達障害のある生徒を対象として指導に生かすことを想定した参考事例を2点掲載しています。各学級の生徒の実態を的確に踏まえ、柔軟に活用してくださるようお願いします。

本書活用のポイント

本書は、「特別の教科」である道徳科の授業の年間標準時数に当たる全35時間分の主題について、板書のイメージを中心に、教材名と主題名、本時のねらい、本時の展開などを合わせて見開きで構成しています。各事例に示す各項目のポイントは次のとおりです。

教材名と主題名

まず、各授業で生かす中心教材と、その下段に示した道徳の内容項目及び、学習テーマとしての主題名を確かめましょう。
教材が掲載されている教科書の出版社名も、教材名の右に示しています。

本時のねらい

中学生の発達の段階を踏まえ、どのようなことをねらいとして本時の授業を行うのかを明確に示しています。
その上で、使用する教材の要旨を紹介し、どのようにして内容項目に迫っていくのかを示しています。

学習課題の明確化

授業を通して個別の問いの解決を図る「学習課題」を設定します。この課題について考え、議論することを通して、共通解を出し合い、自分の考えを深める（納得解を得る）構成です。教材の特徴を捉え、いかに生徒が自分事にできる課題とするかがポイントです。

教材名　　　　　　　　　出典：光村
許せないよね

主題 SNSと責任

A(1)自主、自律、自由と責任

本時のねらい

物事に対して自主的に考え、誠実に取り組み、責任ある行動を取ることは大切である。しかし、中学生の時期は、他者の情報を鵜呑みにしてしまい、一時の感情に左右されたまま失敗に気付かず、無責任な行動をとることも少なくない。

主人公の香織は、友達の千佳に起こった出来事に対するSNS上の言葉のやりとりに不信感を覚えるものの、千佳からの連絡に対して自分では思ってもいない返答をしてしまう。それが原因で状況がエスカレートしてしまう。

ネット上で起こる人間関係のトラブルに対して問題意識をもち、香織の判断を考えることを通して、自身の判断と行動に責任をもつことの大切さを考えようとする態度を養う。

本時の展開 ▷▷▷

1 学習課題を設定する

必須発問①
どうしてこんなにもSNS上での人間関係のトラブルが多いのだろうか。

はじめにSNSに関わる問題点について、Googleフォームを利用して「ネット上で起こりそうな問題にはどんなことがあるかな？」と問い、考えを集約する。それをテキストマイニングで図に変換して示し、感じたことを発表し合う。

そこから、「どうしてこんなに問題が起こるのだろう？」という疑問を引き出し、意見を交流する。その後、「この問題をどうにかしないといけないね」と視点を整理し、本時の学習課題につなげる。

2 共通解を考える

中心発問
SNSを利用する際には、どんなことを想像することが大切なのだろうか。

匿名による根拠のない情報や多くの人の憶測が千佳の心をかき乱していること、香織の安易な返信が千佳の行動に拍車をかけていること等を押さえ、「香織は大きくため息をついた後に、どんなことを考えていたのかな？」と問う。

香織の後悔する思いや翌日に沙弥を責める千佳の姿、周囲の冷たい視線に関わることが出される。ここで、「SNSを利用する際には、どんなことを想像したらよいのかな？」と問う。共通解を導き出すために、小グループで話し合わせた後、全体で意見を交流する。

（板書イメージ）

教材名
「許せないよね」
学習課題

SNS上でのトラブルを未然に防ぐにはどうしたらいいのだろう？

概　　金銭　いじめ　かける
関係　　　　　　　　　拡散
　　　トラブル
課金　でるいじる　人間関係　騙す
　　　　匿名　てたらめ　いやがらせ
見つかる　違法　　　　　情報

顔を合わせていない
何も考えていない
普段から言葉がひどい
みんなもしているから

本時の展開

生徒の学びは、学習課題に出合ったときに抱く個別の道徳的問いを踏まえて道徳教材や他者との協同的な語り合い・学び合いをすることで共通解を導き出し、その共通解に照らしながら生徒一人一人が考えを深めることで納得解を得るというプロセスを経ます。

そこで、本書では「学習課題を設定する」「共通解を考える」「納得解と向き合う」という3ステップを設定し、「必須発問①」「中心発問」「必須発問②」を軸として授業展開例を示すことで、自分事としての課題探求型道徳科授業の実際をイメージできるようにしています。

*板書内掲載のイラストは、（一部を除き）出典として挙げている教科書掲載の写真やイラストを参考資料として、新規に描き起こしたものとなります。

香織のため息

本当によかったのかな…
やっぱりダメだよな…
もう一回連絡して訂正しようかな

私は悪くない…でも…
悪いのは匿名の人だ
私は悪くないけど明日が怖い

共通解
ＳＮＳ等を利用する際に大切な
こととは？

大きな後悔

取り返しがつかない

大問題

・自分の言葉の先を考える
・本当に使ってよい言葉なのか
　を立ち止まって考える
・人を傷付けないかを確認する
・発信することや言葉に責任を
　もつ

3 納得解と向き合う

必須発問②
想像したことと今の自分を比べてみて、気付いたり考えたりしたことをまとめよう。

　終末に、共通解で出てきた考えと自分の今とを比べ、SNSを利用する際に、自分がどのようなことを想像していたのかを考えさせる時間を設定する。また、人間関係のトラブルに限らず、金銭関係、利用時間等の広い視野からも考えられるように、❶で示したテキストマイニングの図を改めて示す。
　自らを律し、自分や他者に対して誠実であることや、想像力を働かせながら、責任ある行動を大切にしようとすることを、自分事として捉えていく時間を十分にとりたい。

よりよい授業へのステップアップ
体験的な学びで想像力を働かせる
　❷の場面で、体験的に考えさせるために、タブレットを活用して、教材内容と同様の事柄をテーマにチャットのやりとりをさせる。そのとき、どんなことを意識したり、大切にしたりしながら言葉を送信したのか、送信された言葉にどんな思いを抱いたのかを考えさせる。
　また、「安易に人を傷付けるような言葉を送信してしまうのはどうしてなんだろう？」と、送る側の心の内を想像できるようにすると、より深まりのある共通解を期待できる。

許せないよね
037

板書の役割と構造

板書の目的は生徒が自らを見つめ、自らの道徳的価値観を多面的・多角的に拡げ深めていくためのものであり、次の３つの役割に集約することができます。

Ａ．生徒に学習の見通しをもたせる。
Ｂ．生徒自身が自らの道徳的価値観を拡げ深められるようにする。
Ｃ．生徒が自らと自己内対話しながら価値あるものを納得して受容する。

こうしたことから、本書では黒板で例示しているものの、ホワイトボード、模造紙等々のアナログ学習ツール、タブレットやプロジェクターで投影したデジタル学習ツールであっても差し支えない点に留意が必要です。また、板書する方向も教師の考え方次第ですので、本書では「横書き」の板書例、「縦書き」の板書例のいずれかを提示しています。

いずれの板書にも共通することは、「教材名」「学習課題」「共通解」の板書を必須枠として提示し、教材に即しながら生徒一人一人の考えや葛藤を構造的に視覚化するようにしています。

教材の位置付け

教材は大きく「共感的」「批判的」「範例的」「感動的」の４つに分類されます。本書では、それらをバランスよく盛り込み、生徒一人一人が個別の道徳的問いをもてるようにし、それを集団思考によって突き合わせ、語り合わせることでその問いの背景にある道徳的価値への気付きや道徳的価値に対する自らの自覚的理解を問うものとして位置付けています。

よりよい授業へのステップアップ

「よりよい授業へのステップアップ」では、生徒一人一人が納得解にたどり着けるようにするために必要な着眼点を提示し、教材の活用方法、考え議論するための手立て、ICTの利活用、共通解を引き出す手立て、板書を生かした思考の活性化を促す方法、本時を通じてどのように内容項目に迫っていくか、などを提案しています。

1

2年生の発達の段階に応じた
道徳科の授業づくりの考え方

1 思春期の只中にいる自分の「個別な道徳的価値観」に気付ける

　2年生とは、まさに中学校生活を日々存分に謳歌できる充実の学年でもある。学校生活に馴染んだ生徒たちの顔立ちは、まだあどけなさが感じられた1年生の頃と大きく様変わりしている。凛としたその面持ちの随所から思春期の只中を生きている自己への自信や信頼感、確かな意志力が滲み出ている。もちろん、その意志力は明確な具体性や志向性を伴って確立されているような段階に至っている場合は少ないであろう。だが、間違いなく未来展望的な自己イメージが膨らみつつある。ただ、そんな学校生活の充実と同時に心身の変化にも着目するなら、そのみなぎる生へのエネルギーがときとして行き先を見失って彷徨し、少し不安定な状況も生じやすいのが2年生の心様相であると理解できよう。

　この学年の発達段階的な特徴としては、思春期特有の人格形成に影響を及ぼす諸要因が種々混乱する反面、生徒一人一人が自らの明日を信じてしっかり生きようとする自律的な意志力が人生の羅針盤として確実に機能しはじめていることも強く感じられよう。それは別の言葉で置き換えるなら、編者は「個別な道徳」と称したい。この個別な道徳があるからこそ、同様に生きる他者と共に人間としてのよりよい生き方を希求できるのである。そんな中学生としての充実感溢れる2年生の道徳科では、生徒一人一人の発展性と可塑性に満ちた個別な道徳心を心底励まし続けるような指導としたい。

　中学校2年生、精一杯背伸びして大人びたその言動に、つい関心も向きがちとなるが、制服に包まれた成長著しいその身体の内面にはナイーブさと愚鈍さとがせめぎ合いつつも、しっかりと自己に向けられた「個の眼差し」が着実に成長していることを見落としてはならない。生徒一人一人の道徳性を道徳科で育むことを視座するなら、この著しい身体的成長と符合するように内面的変容作用としての精神面での発達が同時進行していることを十分に留意した指導となるよう心がけていくことが授業づくりの「肝」となろう。まさに、猫の目のように様変わりする空模様と同様で、捉えどころのない不安定な心模様こそ、この発達期の心理的内面性を特徴付けるものであると理解しておく必要があろう。

　中学校2学年段階の心理的な特徴については、「自己に対する眼差し」の揺らぎの著しさが挙げられる。これは個の確立という内面発達プロセスとして不可欠な安定的な自我状態へと自己調整する手続きでもある。この自我確立プロセスの前提となるのも「個別な道徳」である。つまり、今日に至る成長過程で他律的あるいは自律的に生徒の内面に蓄積され、そのつど、意味付けや問い直しによって自己修正されてきた個としての道徳的価値観への自覚があってこそ、それまで当たり前と捉えていた自分と周囲にいる人々との関係性に気付き、自分がその中で何をすればよいのかとか、社会の一員としてどう立ち振る舞えばよいのかと自己存在の理由を自問し、他者と共によりよく生きることの意味を求めて自己内問答しはじめるのが中学校2年生の本来的な姿であろう。

　2年生の道徳科授業で強く感じるのは、互いの価値観の差違やズレから生ずる様々な「価値を巡る葛藤」場面である。もちろんそれらは日常的な学校生活の中でも顕在化したり、潜在化したりして生徒相互の微妙で不安定な人間模様として反映されている。級友との関わりの中で自らを主張したり、自らの思いを抑制して付和雷同的に同調したりと、一瞬たりとも同じような様相を呈しているときなどない。教室では一見すれば同じ2年生であるが、それはあくまでも個の集合体であり、道徳科授業で十把一絡げに他者の価値観を押し付けられて安易に納得するようなことなどあり得ないのである。

2 自らの眼差しで自己の内面をモニタリングしようとする

　中学生にとって、「自己への眼差し」とはいったいどんなものなのであろうか。この問題の本質

は、中学生であるからとか、大人であるからといったことを問わない。人と人との間に生きる存在としての人間にとって、「自己とは何者なのか」と誰しもが抱える自らへの問いかけでもある。日々、必然的に発生する対人関係の軋轢や利害関係等で生ずる摩擦等は自己の価値観に対する反動的揺さ振りとなって生徒の内面を脅かす。これらの出来事によって引き起こされる心の揺らぎと内面的な傷つき、これこそが自己への眼差しを遮断してしまう要因でもある。そんなとき、人は自らの感情を掻き乱され、葛藤を繰り返して自己を見失いがちとなるのである。ましてや中学生なら、めくるめく日々の中で心の揺らぎや内面葛藤を覚えることが日常生活の一部として常態化していよう。これらとどう向き合い、どう克服していくのかという発達的課題は、中学生にとって不可避的な現実問題でもある。

　思春期という多感な時間を生き、友人、家族、様々な人間関係等に翻弄されながらも、それを乗り越えて少しずつ成長していく自分自身の変容を見つめ、自覚化することは自らの内面に個別な価値観を形成していく過程そのものである。この不可避的な道徳性発達プロセスにおいて必然的に生ずる自分自身への不安、それとしっかり向き合って乗り越えようとすることの大切さに気付き、結果として自己を誇れるなら、それは紛れもない自律的な人格形成への学びであろうと考えるのである。

　ならば、道徳科指導にあって留意すべき事柄とは何なのか。それは一言で言えば、「個別最適な自律的道徳学び」を可能にしていくことに尽きよう。なぜなら、内面的成長という側面から捉えると、個人差が顕著になる中学生のこの時期、十把一絡げの一律な指導観では「個別な道徳」の確立は不可能だからである。つまり、A君にはA君がそれまでの自らの人生で形成してきた道徳的価値観があり、B子さんにも同様にB子さんの生活体験の中で形成してきた道徳的価値観があり、同級生として同じ教室で机を並べて同じような環境の中で学んでいるC君にもやはりC君固有の道徳的価値観が存在することを肝に銘じた個別な道徳学びの実現を目指していくことが何よりも重要なのである。

❸　自己への眼差しの中から「自らの問い」を発見できる

　道徳科で目指すのは学習指導要領の「目標」に述べられているように、「人間としての生き方についての考えを深める」ことである。その学習を通して道徳性を自らの内に育みながら、よりよく生きるための「生きる力」の基盤を確立していくところに道徳科授業の意味があり、その中で生徒が「自己の生き方」を改めて問い、自己省察的な学びの中で浮かび上がってくる一人の人間としての自己を自覚化していくところにこそ道徳科の教育的人格陶冶の意義が有意味に機能するのである。そんな視点をもって生徒と日々向き合うなら、中学校2年生という発達期に生きる生徒の「心の育ち」の実相と解決すべき教育的課題がきっと見渡せるに違いないと考えるのである。そんなときに不可欠なのが、「自らへの問い」の発見とその解決に至る「対話」の重要性である。

　道徳科における自らへの問いとは、ソクラテス的な気付きへの問答である。道徳科で生徒に語りかける個としての生き方についての問いとは他教科と異なり、まさに「自らへの問い」そのものズバリであろう。そこでの「問い」の特徴は、あらかじめ正答が定まっていないということである。つまり何が正しい解答、何をもってその正しさを証明付ける妥当な根拠を伴った最適解と言えるのか、問う本人も、その傍らで共に解決の糸口を見いだそうと思い悩んでいる級友も容易に探し出すことができない正答のない方程式のような問いでもある。

　道徳科における「問い」とは、中学生に限らず全ての人間に問われている「善く生きる」ということの最適解を探し求める道徳的命題の探求そのものなのである。そして、道徳科とは、生徒が自分の人生をよく生きるために正答のない問題集に挑むようなものである。そこで生徒が最適解を導き出すプロセスは、正しく「自己への眼差し」と向き合う主体的問答である。

1　自分と向き合い自らの「問い」と自己内対話する時間

　中学校2年生だから特別に必要であるという要件ではないが、人は誰しも明日をよく生き、未来を
よりよく生きようと志向する存在である。そして、人は皆それぞれに人格的な成長を遂げていくその
プロセスにおいて、どうしても自己と向き合わざるを得ない場面に度々遭遇するのである。そこで暫
し自らの内面に拡がる心模様を自身で問い、自己内対話を重ねながら省察することで新たな道標を見
付け、再び歩み出すのである。

　その際、自らの取るべき態度や目指すべき生き方を選択・決定するのはほかならぬ自分である。人
は皆、そうして自らの人生の障壁を一つずつ乗り越えながら一歩先へ進んでいく。その漸進的要因と
なる自己内対話という精神活動は何も特別なことではなく、中学校生活という時間軸の中で、空間軸
の中で、対人関係軸の中で、状況軸の中で頻繁に遭遇することである。つまり、その道徳的省察の繰
り返しが生徒にとっての日常的道徳生活そのものなのである。それらをしっかりと踏まえながら意図
的・計画的・発展的に授業として構想していくのが即ち道徳科である。

　その道徳科では、これまで個の内に形成してきた道徳的価値観を問い直し、吟味・検討を重ねるこ
とで新たな価値観創造することが目指すべき目標となる。そんな個の内面的な人格成長を促す道徳科
において重要な役割を担うのが対話（dialog）である。単なる会話ではない対話が成立するために
は、対話主体と対話客体との間に、共感的理解がなければならない。その共感的理解がなければ、そ
れは個の内に閉じ込められた独白（monologue）に留まってしまうのである。だからこそ、その対象
が他者であれ、自己であれ、対話は個の内面的成長過程において必要不可欠なものとなるのである。

　道徳科での対話の本質は、自らの既存価値観と新たに受容した道徳的価値との間で調整される自己
内対話である。他者対話を通じて手にした新たな道徳的知見と道徳的感情体験とを自己内対話によっ
て自らの価値観に引き比べて吟味・検討し、必要とあれば主体的に更新していく。これこそが道徳学
びであり、個の価値観創造の本質である。このような自己問答としての哲学的対話を意図する教育活
動の場こそ、道徳科である。ならば、他者対話⇒自己内対話⇒価値観創造のプロセスを肝に銘じた
い。

2　社会の一員としての自分を自覚してその生き方を深く省察する時間

　先にも触れたように、人間は人と人との間に生きる「間柄的存在」である。ゆえに、そこでは相互
の異なる価値観がぶつかり合って軋轢を生ずる。そこで人間は互いに異なる価値観を摺り合わせ、納
得のいく形で調整的に統合することで多くの人にとっての望ましさとなる道徳的価値（共通解）を共
有し、その摩擦を回避するのである。このような相互にとって望ましい生き方となるよう他者と調整
的に摺り合わせ、了解し合える価値合意手続き（moderation）を得ることで不文律的な集団的価値
規準を形成する。言わば、社会的通念として暗黙裏に形成され、容認されてきた道徳的価値である。

　しかし、この道徳的価値は経典等によって示された宗教の教義や法律といった明文化された絶対的
な性格のものではない。そのときどきの、その社会の構成員の暗黙的合意に基づく可塑性と発展的可
能性とを含んだ精神的ものである。道徳科授業では、他者と共によりよく生きるという理想の自己実
現を図るために社会の一員として自分の役割を自覚し、積極的に社会と関わり、その構成員全てに
とっての望ましさ、"well-being" を希求するための共感的相互理解の場となることが何よりも大切
である。特に中学校2年生の段階は、学校生活の充実という自らの成長をしっかりと自覚でき、自ら

の拓かれた未来に向かって夢や希望を膨らませながら内面にある「志」を振起する絶好の時期でもある。そんな生徒一人一人の生き方のよさを励まし、勇気付け、自らの可能性を模索しようとする背中を後押しするような包容力と受容力に満ちたダイナミックな授業構想となるような道徳科にしたい。

3 道徳的諸価値を問い直して自ら主体的に受容するための時間

　生徒一人一人の道徳的なものの見方・感じ方・考え方としての道徳的価値観は、プライベートで可変的なものである。ゆえに、生徒は日常的道徳生活の中で遭遇する様々な道徳的体験よってそれまで形成してきた個としての道徳的価値観に揺さ振りをかけられ、自らそれをより高次な道徳的価値観へと変容させていく。やはり、その意味でも生徒の主体性が道徳科の中で発揮されるような授業づくりをしなければ、ただ形式的で道徳的知見のみを獲得させるだけのものとなってしまうのである。もちろん、その獲得した道徳的知見は道徳知としては蓄積されるが、生徒自身の日常的道徳生活の中で生きて働く力として発揮され得るのかと問うなら、自我関与という点で甚だ心許ないものとなるのである。生徒が自分事として捉え、考え、判断し、表現できるような論理的思考型の道徳科授業にしていかなければ、生徒一人一人の日常的道徳生活において機能する内面的資質の形成は叶わないであろうし、自分事として役立たない道徳的知見などいずれ記憶の彼方に押し込められてしまうのである。

①生徒一人一人の道徳学びのための「問い」を引き出す

　道徳科における道徳学習で、まず大切にしなければならないのは、生徒自身の主体的な学びの場の創出である。そのためには、生徒一人一人が道徳科学習に臨むに際し、個の学びを開始する必然として「問い」をもっていることが何よりも重要である。「問い」のない授業とは、水を欲していない馬を川辺へ連れて行って飲むよう強要するようなものであるに違いない。ならば、生徒が自分事の道徳学習を開始するために教師はどのような手立てを講ずることが可能なのであろうか。生徒に問いをもたせること、ここから道徳科授業は開始されるのである。

②生徒相互の学び合いを「協同学習」で創出する

　個の道徳的問いを課題追求していくためには、自分とは異なるものの見方・感じ方・考え方に触れる必然性があることは言を俟たない。このような多面的・多角的で拡がりと深まりのある学びの場こそが、生徒一人一人の道徳学習を促進する。道徳科では道徳的諸価値について皆で合意形成するのではなく、互いの価値観を語り合い、摺り合わせ、吟味・検討し合った結果を最終的に自らの価値観形成へ還元する協同的学び（cooperative learning）が学習プロセスとして最重要なのである。そのためには個々の問いから協同学習へと発展させていくための共通学習課題（めあて）の設定が不可欠である。この共通学習課題こそ授業を貫くテーマ発問であり、中心発問と重なり合う道徳科の「肝」となるものである。この協同学習で共有し合う主題に係る道徳的価値の望ましさとしての「共通解」は、個の価値観形成を促進する前提として必須な道徳的諸価値理解として機能するのである。

③共通解から個の価値観形成としての「納得解」を紡がせる

　道徳科授業は、主題として設定された価値内容について生徒同士が合意形成する場ではない。道徳的価値を個別に体現した内容項目を手がかりに生徒と教師がよりよい生き方を求めて共に考え、その実践化に向けて語り深め合い、最終的に生徒一人一人が個別に自ら納得できる価値観を形成するところにその本質的な意味がある。つまり、道徳科授業は生徒一人一人が自らの内面にもっている価値受容力を支えにしながら個としての納得解を紡いでこそ、その学びの意味が発揮されるのである。

　言うなれば、生徒は道徳的価値に対して自我関与し、課題解決的な学習（問いがあり、その問いを自ら解決することを目指して価値追求する道徳学びのストーリー）を構想し、自らの個別的な道徳的価値実現をイメージする「自分ならどうするか」という立ち位置を大切にしながら道徳的価値と向き合い、他者との語り合い、道徳的価値理解を自分自身との関わりの中で個別的に深めるのである。

2

令和時代の
中学校道徳科授業構想とその展開

〈全学年共通〉

「令和の日本型学校教育」と道徳科授業の新たな構想

1 「特別の教科　道徳」誕生の経緯と移行による質的改善

　学校教育の前提である学校教育法施行規則が改正され、新学習指導要領が小学校では令和2（2020）年度より、中学校では令和3（2021）年度より全面実施された。ただ、「特別の教科　道徳」＝道徳科については他教科等に先駆け、平成27（2015）年3月の学校教育法施行規則一部改正で示された「特別の教科　道徳」として小学校では平成30（2018）年度より、中学校では平成31（2019）年度より先行実施されている。そして、初めて検定・採択を経て無償配布された道徳科教科書も、他教科等の改訂学習指導要領と足並みを揃えるため2年間で改訂され、その内容の充実が一層図られて現在に至っていることをまず押さえておきたい。この教科への移行転換で肝心の道徳科授業はどう変化したのかと問われれば、それは3点に及ぶ象徴的な教育課程上の改革として説明できよう。

　1点目は、教員免許状にかかわらず全教師が「特別の教科　道徳」、つまり道徳科を担当するよう措置されたことである。即ち、既に所持している教員免許状の種類にかかわらず全ての教師が担当できる特別の教科となったのである。これは、教育基本法に示された学校教育の究極的目的である生徒の人格形成を担う教師であれば当然のことである。学校教育はイコール道徳教育という当たり前の事実に思い至れば、容易に納得できることである。つまり、誰しもが生徒の前に立てば道徳教師なのである。

　次なる変革は、道徳科教科書が国の責任において発行され、無償配布されたことである。昭和33（1958）年に特設されて以降、60余年にわたってその足跡を刻んできた教科外教育としての「道徳の時間」では、教科でないがために教科書が存在しなかった。指導に当たる教師や学校の責任において選択された道徳教材が用いられたので、地域や学校間の質的なばらつきは看過しがたいものであった。それが教科となったことで、文部科学省の検定済み教科書が公費によって無償配布されるようになったのである。これも当たり前のように受け取られるが、とても大きな改革である。つまり、教科書が用いられるということは学習指導要領で示された学びの範囲（scope）と学びの順序性（sequence）を教科書によって具体的に担保されていることの証左でもあるからである。

　そして3点目は、何と言っても道徳科に学習評価が導入されたことである。教科であれば指導したならその学びを評価して通知表等で家庭に知らせたり、指導要録に指導記録を残すことで継続的な指導に役立てたりするのは当たり前のことである。道徳科も教科になったことで、他教科同様に生徒一人一人の学習状況や道徳性に係る成長の様子を継続的に評価するよう求められるようになったのは周知のことである。もちろん、個の内面的資質としての道徳性を数値等でランク付けしたり、ラベリングしたりすることは不可能なので、大くくりの文章による肯定的評価をすることとなったのである。

　つまり、生徒の学びのよさや成長の様子を認め励ます教育本来の人格形成に向けた評価をするようになったのである。本来であれば、教師が指導したら教育評価をするのは当然のことである。それがなければ、指導効果検証も生徒の学習成果検証も蔑ろにされてしまうからである。教育評価が伴ってこその学校教育であることを勘案すれば、道徳科に評価が導入されたのは必然的なことであると説明できよう。

　従前の「道徳の時間」が「特別の教科　道徳」に移行転換したことで、エビデンス（evidence：学び成果）を前提とした道徳科授業が求められるようなったのは生徒の視点で捉えるならとても大きな質的改善であることを理解しておきたい。

2 令和の日本型道徳科授業を展開するための視点

　全国の小・中学校で新学習指導要領が全面実施となり、先行して実施された道徳科も全国の教室で確実にその成果を上げつつある。教科外教育から教科教育へと教育課程上の位置付けを大転換するという出来事は、それに携わる教師自身のパラダイム転換も不可欠である。従前の道徳授業とは似て非なるものといった発想の転換、これをなくして令和新時代の道徳科充実はあり得ないのである。

　折しも令和3（2021）年1月、中央教育審議会は「『令和の日本型学校教育』の構築を目指して〜全ての子供たちの可能性を引き出す、個別最適な学びと、協働的な学びの実現〜」と題する答申を公表した。その中で道徳科に係るポイントは、おおよそ以下の5点である。

　1点目は、急激に変化する予測困難な時代の中で生徒たちに育む道徳的資質・能力についての共通理解とその実現を可能にする道徳科授業改善に向けた取組の必要性である。これからの道徳科では、道徳的思考力や判断力、表現力のみでなく、新たに直面する道徳的課題について最適解や納得解を導き出すことが求められる。また、人間関係構築力や社会参画力、自己実現力といった資質・能力も、持続可能な社会形成に向けてこれまで以上に必須なものとなってくる。

　ならば、道徳科授業ではどうすればよいのか。道徳の時間から道徳科へと看板の付け替えはしたものの、相変わらず教師の一方的な発問のみで引っ張る授業、読み物教材とチョーク1本で進めるワンパターンの授業で果たしてその責務は果たせるのか。生徒たちにどんな道徳的資質・能力を育むことが未来社会を生き抜く上で必要なのかという前提要件からの議論を進めていくことが不可欠となろうが、全てはこれからである。

　2点目は、学習指導のみならず生徒指導等も含めて生徒を知・徳・体一体型で全人格的に指導する日本型学校教育のよさを再確認するため、丸抱えによる教師の過剰労働等も勘案しながらその成果検証を進めたり、直面する課題を明確にしつつ克服に向けた取組を模索したりすることも必要である。特に道徳科は生徒の道徳性に係る状況を総合的に把握しなければ、指導によってその変容を促すことが難しい。教師が指導に必要な生徒理解情報を担保しつつ、どこまで校務の外部委託や合理化が可能なのかという困難の伴う現実ではあるが、どうしても克服しなければならない最重要課題でもある。

　3点目は、道徳科で実現する生徒の学びの姿を明確にした授業展開をしていくための取組である。我が国ではアクティブ・ラーニングが標榜されて久しいが、果たしてその実現はどうなのか。受け身の道徳授業から主体的に生徒が参加する道徳科授業へ、教師が求める正解探しをする道徳授業から生徒自らが納得解を紡ぐ道徳科授業へ、教材の読み取り道徳授業から生徒一人一人が考え議論する道徳科授業へ、ここに示した学びの姿をどう実現するのかは教師自身に突き付けられた自己課題である。

　4点目は、道徳科授業の質とその実施に伴う多様性、包摂性を高めていくための取組である。社会構造の変化の中で道徳科授業の在り方も問われている。生徒の学びに視点を置いたエビデンスベース型道徳科授業への転換はもちろんだが、生徒の背景にある多様性を前提とした個別最適な学びをどう創出し、これからの持続可能な社会の実現に向けてインクルーシブ（包括的）な視点に立ってどう協働的な学びを教育活動で敷衍できるかは、今後の日本社会で直面する必須の現代課題でもある。

　最後の5点目は、道徳科におけるICT活用の重要性である。言うまでもなく、既に全国のほとんどの学校ではGIGAスクール構想に基づいて一人一台のICT端末配備を終えている。それらの思考ツールを道徳科でどのように活用し、生徒にとって有効な道徳学びを実現していけるかは、全て教師の双肩にかかっている。「道徳科でICT活用なんて」と考えるのか、「道徳授業だからこそICT活用だ」と考えるのか、その発想の隔たりは大きい。

　上述の5点を要約すると、その先に見えるのは「令和の日本型道徳科授業」の目指すべき姿である。学習指導要領で示されている道徳科の目標は、「自立した一人の人間として他者とよりよく生きる」ための道徳性を育むことである。ならば、その前提は生徒の主体的な学びの実現以外になかろう。

1 道徳科授業の基本的な考え方

　道徳科と聞くと、何のためにその授業をするのかという前提がまず気にかかろう。他教科であればあらかじめ指導すべき内容や目標が示されており戸惑うことはない。しかし、学習指導要領第3章「特別の教科　道徳」の目標に示されているのは、「よりよく生きるための基盤となる道徳性を養うため、道徳的諸価値についての理解を基に、自己を見つめ、物事を広い視野から多面的・多角的に考え、人間としての生き方についての考えを深める学習を通して、道徳的判断力、心情、実践意欲と態度を育てる」といった記述である。道徳科を語るとき、「つまり、道徳科では何を指導すればいいの？」と素朴な疑問が生じてくるのはある意味で仕方ないことでもある。道徳科授業理解は、この疑問の先にある。

　道徳科では何を生徒に指導するのか、まずはこの素朴な疑問から考えてみたい。中学生に限らず、子供たちは道徳学習をする前から、「自分のことは自分でする」「人には嘘をつかないで誠実に接する」「誰かに会ったら挨拶をしたり、何かをしてもらったらお礼を言ったりする」「困っている人には優しく親切にする」「友情は大切だから大事にしないといけない」「たった1つの生命はかけがえのないものだから、どんなときも大切にしないといけない」等々、道徳的諸価値についてはおおよそ理解している。ならば、何も道徳科授業で改めて指導することはなかろうと考えるのもごく自然な理屈である。でも、果たして生徒たちは本当に道徳的諸価値について理解しているのであろうか。果たして、道徳科授業では生徒たちにどのような道徳学びを提供できればよしとされるのであろうか。

　「言うは易く行うは難し」という諺がある。古代ギリシャの先哲ソクラテスを引用するまでもなく、道徳はただ知識として教えても身に付くことのない「個の内面で血肉化して理解される切実感の伴う自分事の知識」である。よって、いくら教師が丁寧に指導したとしても、学習者である生徒自身がそれを主体的に自覚しつつ受容しなければ内面化された道徳的知識となることはないのである。

　生徒が道徳的知識を身に付けた状態を道徳科の目標に照らして考えるなら、「道徳的諸価値についての理解」とは生徒と道徳的諸価値との有意味的関連性が伴うものでなければならないのである。

　そのような自覚的な道徳的価値理解に至るためには、生徒自身が自らの日常的道徳生活を見つめ、自分だけではない他者の広い視野も併せもって多面的・多角的に省みることで人間としての自分の生き方や在り方の望ましさについて自覚的に理解できるのである。ならば、道徳科授業づくりはどうあるべきなのか。それを一言で表現するなら、日常的道徳生活の実践主体である生徒自身が内面に自らの生き方を見いだす人生の羅針盤となる道徳性を育んでいけるようにすることであるに違いない。

　生徒一人一人の内面に形成される道徳性は道徳的判断力、道徳的心情、道徳的実践意欲と態度といった不可分一体で相互補完的複合概念である。どれか一つだけを取り出して発達を促すといったことができにくい内面的精神作用である。ならば、教師も生徒と一緒になってよりよい生き方という人生の高見を目指し、「師弟同行」の精神で共に学べばよいのである。

　確かに授業である以上、教材分析や生徒理解、教材提示方法や発問の組み立て、生徒相互が語り合うための場の構成等々の指導スキルや思考ツールも大切ではある。しかし、それらは絶対条件ではない。なぜなら、自らの生き方として大切な道徳学びをする主人公は、ほかでもない生徒自身だからである。ならば、教師は生徒にその学びのきっかけをもたせ、生徒自身が自分事として学び深めていけるような場を生徒と共に創り出していけばよいのである。その原動力となるのは、生徒自身による道徳的な「問い」である。

　自らの生き方を振り返り、自分事として内省的に学び深めていくためにはどうしても「自分事とし

ての問い」が生徒自身の内面に存在しなくてはならない。道徳科授業づくりは、ここからはじまる。

2 生徒の「問い」から道徳科学習プロセスを構想

　なぜ生徒が「問い」をもつと道徳的価値観形成のための道徳科授業が促進されるのか、その理由は極めてシンプルなことである。

　生徒に限らず、人は誰しも他人事ならいざ知らず、自分事については無関心でいられない。自分に関わることなら本気で考え、本気で悩み、本気でその望ましい最適解を追い求めて課題追求する。本来の道徳科学習とはこのような学びで、誰のためのものでもない生徒が自分自身のために学ぶ場であるべきなのである。そのためには学ぶ必然性、つまり自分事の道徳的問いがなくてはならない。その必然的問い、つまり道徳的課題追求は生徒にとって自らの道徳的価値観形成を促進する手続きそのものなのである。それを可能にするのが、自分事としての課題探求型道徳科授業プロセスである。

　中学校道徳科授業は、僅か50分しかない。教師であれば、生徒にどこまでも拡がりと深まりのある「課題探究学習」をさせたいと願うのは当然のことである。しかし、目の前の生徒一人一人を見据えれば、限られた時間内での等身大の学びとしての「課題探求学習」が実現できたらそれでも素晴らしいことに違いない。そこで、ここでは課題探求型道徳科授業アプローチを構想したいと考える。

　言うまでもなく、道徳科では学習指導要領で示されたように道徳的諸価値についての理解をもとに、自分自身を見つめ、道徳的諸課題を多面的・多角的に考え、それを自身の生き方に収斂していけるような道徳性を培っていくことが目標であり、そのために生徒一人一人にとって大切な道徳的価値観形成を促進していくことが道徳学習の目的となる。ならば、そのような道徳学習を実現するための必然として、自分が日々対峙している道徳的諸課題について自分事として「問い」をもって課題探求できる道徳学習＝「主体的・対話的で深い学び」を実現していかなくてはならない。つまり、生徒一人一人が日々の道徳科授業を通して自ら感得できる「納得解」をもてるような主体的な学び、それを可能にするような学習プロセスを実現していくことが何よりも重要な要件なのである。

　「考え、議論する道徳」の体現と一口に言っても、それを可能にする道徳科学習プロセスは容易ではないように思われがちである。しかし、決してそんなことはない。生徒相互の「語り合い」を大切にすればよいのである。

　語り合いは単なる会話ではなく、一つの結論を見いだすための話合いでもない。ここで言う語り合いとは、「生徒が道徳的課題を他者対話によって語り合うことを通して自分とは異なるものの見方・感じ方・考え方に触れること」である。つまり、それまで当然と思っていた自らの道徳的価値観を問い直すきっかけを生むものである。「あれっ、自分とは違う？」「本当はどうなのだろう？」という自らの価値観を揺さぶる疑問がもう一人の自分と自己内対話するきっかけとなり、再度自らの内で吟味することで新たな価値観として意味付けていくのである（**図1**）。言うまでもなく、自分が感得できた納得解はそのまま自らの道徳的価値観として内面にしっかりと形成されていくのである。

　つまり、課題探求型道徳科授業を実現するためには生徒一人一人の問いから出発し、その問いを課題追求するために他者対話と自己内対話を繰り返すことで、個の内面に自分事としての最適解＝納得解を紡いでいけるようにすることなのである。もちろん、その課題追求過程では協同学習を可能にする共通学習課題設定や自らの価値観を確認するために共有す

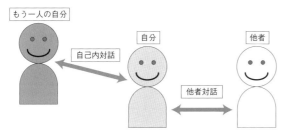

図1　価値形成における他者対話と自己内対話の関係性

る望ましさである「共通解」も必要である。

3 生徒が「問い」を主体的に解決するための協同学習プロセス

　生徒自身が自らの道徳的価値観を主体的に創造し、その先に新たな人生を拓いていくために必要な道徳的資質・能力を形成していけるような課題探求型道徳科授業を構想していくためには、そこでの学習プロセスがとても重要となってくる。しかし、中学校現場での授業実態を勘案すると教師が引っ張る授業、生徒が受け身になっている授業が少なからず散見される。この現実を見据え、学習指導要領で標榜しているような「主体的・対話的で深い学び」「考え、議論する道徳」を具現化していくために学校は、教師はどのように意識改革を進めればよいのであろうか。これまでの長きに及ぶ教育改革の動向を踏まえるならその抜本的改革策はただ一つ、生徒を受動的学習者（passive learner）から能動的学習者（active learner）へと位置付けしていくことに尽きる。つまり、協同学習を意図した課題探求型道徳科授業へと授業構想そのものの問い直しをすることが不可欠なのである。

　ここで提唱する課題探求型道徳科授業の前提は、生徒相互による学び合いとしての協同学習（cooperative learning）である。協同学習は、今日喧伝されている協働学習とは一線を画する。いずれもその学びの主体者は生徒たちであるが、そこでの学びの見通しのもち方や学び合いの目的、さらには共有した学びの自己省察的で発展的な活用等をイメージしていくと、最終的に個としての価値観創造（納得解）の獲得を意図する道徳科で目指すのはやはり協同学習による授業づくりなのである。

　協働学習は生徒たちが学びの目的を共有し、その解決に向けて主体的に学び合って最終的に望ましい最適解を導き出すことである。そのためにはグループワーク等で情報共有しつつ、協力したり、分担したりしてその課題解決情報を獲得し、最終的に皆が納得できる知見として合意形成する。それに対し、協同学習とは「学習集団のメンバー全員の成長が互いの喜びであるという目標のもとで学習すること」（日本協同教育学会編『日本の協同学習』ナカニシヤ出版、2019年、12頁）であり、メンバーが全員同時に到達できるような目標を設定して学び合い、高め合い、励まし合える集団での学習形態を意味している。

　そこで目指す学びの力は、「主体的で自律的な学びの構え、確かで幅広い知的獲得、仲間と共に課題解決に向かうことのできる対人技能、さらには、他者を尊重する民主的態度」（杉江修治著『協同学習入門』ナカニシヤ出版、2011年、1頁）がイメージされている。ならば、道徳科授業における生徒の学びは協働学習と協同学習、そのいずれの文脈に寄り添うべきことなのかと考えれば、おのずとその学習プロセスは協同学習であるべき事由が鮮明に見えてこよう。

　道徳科では、道徳的問題に対峙した際に生徒個々がもつ道徳的問いから出発する。そして、その解決に至る道筋において個人学習では堂々巡りに陥ってしまうため、それを回避する方策としてあえて自分とは異なるものの見方・感じ方・考え方をする他者と共に学び合うことを意図するのである。言わば、道徳学習では生徒個々がもつ道徳的問いは個別であり、その解決のために参加する協同学習という集団学びの場で手にした客観的な事実や異なる価値観に照らして皆で導き出した望ましさ、多くの人にとっての望ましさとして共有し合える結果としての共通解が導き出されるのである。

　その共通解に照らしながら、生徒一人一人が最終的に自己内対話を通してこれまで価値観を再吟味・検討することで自らの納得解としての価値観創造に至るのである。言わば、道徳科における生徒の学習プロセスを概観すると、道徳的問題に出合ったときに抱く個別な道徳的問いを踏まえて道徳教材や他者との協同的な語り合い・学び合いをすることで共通解を導き出し、最終的にその共通解に照らして当初の個別な道徳的問いに立ち帰ると、その結論として納得解という新たな道徳的価値観を一人一人の生徒が手にできるのである。ならば、道徳科授業は生徒一人一人が自らの道徳的価値観を問い直し、新たな生き方に反映させていくための集団学習フィルターとしての役割を果たすとも説明付

けられよう。

　道徳科授業では、個々の問いをこのフィルターに通して多面的・多角的な視点から共通解を入手させ、その共通解に照らして個の納得解を導き出して道徳的価値観を更新できることを目指すのである。

4　問いを紡ぎ納得解を導くための課題探求型道徳科授業構想

　道徳科において生徒一人一人が道徳的「問い」をもち、その問いの追求を主体的・創造的に展開できるような授業を構想すめるために教師は一体どのような手続きを踏めばよいのであろうか。その授業改革のための視点としては以下の3点が挙げられ、**図2**のように説明できる。

《生徒の「問い」に基づく課題探求型道徳科授業づくりの視点》
A．道徳的諸課題解決のための課題意識「問い」を明確にもてるようにする。
B．協同学習という論理的思考を経ることで皆が共有し合える共通解を引き出せるようにする。
C．個別な問いの追求というリアルな自分事学びの結果としての納得解をもてるようにする。

　道徳科授業で最重要なのは、生徒自身に道徳的課題意識としての「問い」をもたせることである。そのためには本時主題を明示し、そこから問いを導き出すための道徳的課題（教材や生徒の日常的道徳生活上の問題）を提示しなければならない。次に、その個別な問いの解決には客観的学習情報に触れて論理的思考を展開していくための協同学習の場に導くための共通学習課題の設定が必要である。なぜなら、個別な問いは一人では解決できないからである。よって、互いの問いを摺り合わせ、協同思考するための共通学習課題を設定していくことが大切となる。これをグループ・モデレーション（group moderation）と呼ぶ。つまり、最終的に解決すべきは個の問いであり、その解決に向けた課題追求プロセスとしての協同学習がどう寄与したのかと自己評価するのはほかならぬ生徒自身だからである。生徒は学習者であると同時に自らの学びの評価者でもある。その評価規準の役割を果たすのが共通学習課題であるから、生徒自身が互いの問いを摺り合わせ、了解できるような共通学習課題を設定しなければならないのである。これは、授業を貫く中心テーマ発問を導き出すことでもある。

　共通学習課題を設定する場は、既に協同学習そのものである。そして、教材や語り合いを通して発展する課題追求学習の先にあって辿り着くのは、多くの人が共有できる道徳的価値理解としての共通解の導きである。道徳科授業で大切なのは、ここからである。なぜなら、当初の個別な問いの解決が済んでいないからである。

　協同学習で導き出した共通解を自分はどう学習成果として評価し、それを自分事の問いと引き比べて意味付けるのか、この納得解の紡ぎこそが肝である。ならば、課題設定のための必須発問①と共通解から納得解の紡ぎへと導くための必須発問②は不可欠な問いとなろう。

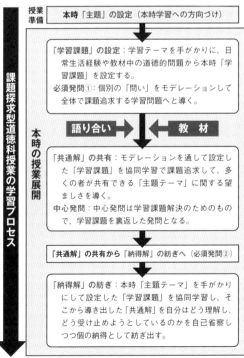

図2　課題探求型道徳科授業における「学習プロセス」

1 道徳科に不可欠とされる道徳教材の意味とその役割

　道徳科授業を展開するためには、道徳教材の活用が必然的なものとなっている。これはかつての戦前における修身科の時代でも、戦後特設された「道徳の時間」においても、そして現在の道徳科においても基本的な考え方は変わっていない。果たして道徳教材の意味や役割は何か、考察したい。

　道徳教育での道徳教材の役割について、『道徳科重要用語事典』（田沼茂紀編著、明治図書出版、2021年、116頁）には、「集団思考を促すには、共通の素材としての教材を、児童生徒の実態に応じて活用することが大切になる。特に、ねらいとする道徳的価値に関わって道徳学習を展開するためには、教材活用が極めて重要なのである」と解説されている。換言すれば、道徳的追体験の共有である。

　ただ、研究校等へお邪魔して不思議に感じるのは、研究協議の論点がともすると道徳科授業の前に道徳教材へ流れているような場面が垣間見られることである。道徳教材は主題のねらいを達成するための手段であり、それをとことん学び尽くすところに目的があるのではない。道徳教材のよさは、短時間で生徒たちに道徳的追体験をさせることが可能で、集団的な道徳学習を可能するところにある。改めて道徳教材の意義や役割を理解し、有効で効果的な活用を模索したいものである。

　では、道徳科教材の善し悪しはどのように判断されるのであろうか。端的に結論付けるなら、よい道徳教材は生徒の内面にある多様な価値観を引き出してくれるものと「道徳の時間」時代より言われ続けてきた。つまり、道徳科授業では道徳教材を介して生徒一人一人に個別な道徳的問いをもたせ、それを集団思考によって突き合わせ、語り合わせることでその問いの背景にある道徳的価値への気付きや道徳的価値に対する自らの自覚的理解を問うていくところに大きな意味があるのである。

　ゆえに、教材中の道徳的問題に浸かりすぎて客観的な思考・判断ができなくなってしまったり、道徳教材に露わに描かれた道徳的価値を鵜呑みにしてしまったりする危険の伴う内容ではその用をなさないのである。道徳教材は生徒が個別にもっている道徳的価値観に楔を打ち込み、再度その価値理解を促進するために吟味・検討する必然的要素を併せもっていなければならないのである。

　このような必然的要素を踏まえつつ道徳教材が本来的に具備すべき諸要件を検討していくと、学習指導要領解説に述べられているような3点に要約されるのである。

a. 生徒の発達の段階に即していて主題のねらい達成に効果的に機能するもの
b. 生徒の心の琴線に触れて深く考えられると同時によりよく生きる喜びや勇気を見いだせるもの
c. 特定の見方や考え方に偏ることなく生徒が多様な受け止め方をすることができるもの

　このように道徳教材が具備すべき諸要件は様々あるが、授業者の力量や生徒の道徳的実態を勘案すると、適切な道徳教材の選定や活用は意外と難しい。特に道徳教材が所収されている検定・採択を経た道徳科教科書である事情もあって、個別的事情による恣意的な変更や差し替えは容易ではない。そんなときに留意したいのは、副教材（伝記や自然・科学・文化・スポーツ等の小話やメディア、新聞記事や生徒作文等）と組み合わせた活用や教材提示方法を工夫してみるのも有効な方法であろう。

　特に、昨今はGIGAスクール構想によって生徒一人に一台のタブレット端末活用が日常化している。これらのICT活用によって副教材提示の工夫が様々可能となっているので、同一の道徳教材活用であっても生徒一人一人に道徳的問いのもたせ方は多様に行えるようになっている。また、それだけでなく、指導方法の工夫についてもICT活用は多様で効率的な授業展開を可能にしてくれる。従前のアナログ的手法で展開していた学習が手早く短時間で展開できるのも、ICT活用の魅力である。もちろん、ICT活用は学習目的とはならず、あくまでも学習促進手段であることを肝に銘じておきたい。

2 道徳教材のよさを引き出すための有効活用法

　道徳教材の活用については、「道徳の時間」充実の議論が盛んに行われた昭和40年代前後の時代には教材活用方法を巡って学校種間での齟齬が生じていたり、教材活用方法が固定化されたりして特定傾向教材のみが用いられるような状況も見られた。そんな混乱した時代に資料活用類型（青木孝頼編著『道徳資料の活用類型』明治図書出版、1979年）といった考え方が登場した。その「活用類型」とは、実践教材、葛藤教材、知見教材、感動教材といった教材内容の類型論的な考え方ではなく、同一教材に含まれる「共感」「批判」「範例」「感動」という4視点から授業者が分析的に捉え、その教材活用をどう進めていくか意図していくという発想転換であった。青木の「活用類型論」は今日の道徳科においても大いに援用できるものである。もちろん、道徳科授業型への発想付加での活用である。

《道徳教材の活用類型タイプの考え方》

A. 共感的活用類型：教材中人物の考え方や感じ方を生徒一人一人に共感させることによって、現在の自分の価値観に気付かせ、覚醒的に自覚を促すことを意図した活用タイプ。

B. 批判的活用類型：教材中の登場人物の行為や考え方を生徒一人一人に批判させ、互いに語り合うことを通して道徳的な考え方や感じ方を深めさせることを意図した活用タイプ。

C. 範例的活用類型：教材中の登場人物の道徳的行為を一つの範例として生徒に受け止めさせることを意図した活用タイプ。

D. 感動的活用類型：教材内容が生徒に強い感銘を与えるような場合、そこでの感動からねらいとする道徳的価値への把握へ至るようにすることを意図した活用タイプ。

　ここで示した道徳教材の活用類型タイプを視座して道徳科授業構想すると、そこには活用教材として具備すべき要件、学習指導要領に示された「発達の段階に即し、ねらいを達成するにふさわしいもの」「人間尊重の精神にかなうものであって、悩みや葛藤等の心の揺れ、人間関係の理解等の課題も含め、深く考えることができ、人間としてよりよく生きる喜びや勇気を与えられるもの」「多様な見方や考え方のできる事柄を取り扱う場合には、特定の見方や考え方に偏った取扱いがなされていないものであること」といった必須事項が自ずと満たされてくるのである。

　また、教科道徳科時代となった現在では、それら4類型に新たな視点として論理的思考型道徳学習を体現するための見地から「分析的活用類型」「問題解決的活用類型」といった新たな道徳教材活用類型タイプも追加され、多様な視点からの優れた授業が多数実践されていることも補足しておきたい。では、道徳教材の活用類型タイプを念頭に授業構想を進めていくために、効果的な指導展開を進めるための要諦はどこにあるのであろうか。

　まず重要とされるポイントとしては、「道徳教材はあくまでも手段である」と心得るべきことである。道徳学習を展開する生徒たちが自らの道徳的価値観を問い、それを多面的・多角的に拡げ深めていくためにはそれぞれの学習目的をもちながらも協同学習というフィルターを通さないと実現できない。生徒が自分自身について学び、他者から学ぶための、自分磨きの研ぎ草、姿見としての役割を担うのが道徳教材である。よって、教材から授業が構想されるのではなく、主題のねらいを達成する手段として道徳教材を用いるというきわめて当たり前の事実から授業構想することが大切なのである。

　次には、道徳教材を通して自らの道徳的価値観を高めていくプロセスでは、個人の内面で同時進行的に「価値理解」「人間理解」「他者理解」も促進されていくという点である。よって、道徳教材中に描かれた登場人物は一見すると生きている時代や社会、目の前の道徳的現実等が生徒の日常と異なっていたとしてもそこに描かれている人の姿こそ違ってはいても自分と同じように今日を生き、明日をもっとよく生きようと願う一人の人間である。その人間の生き方に共感してこその道徳学習であり、道徳的価値観形成に向けての道徳科授業であることを念頭に授業構想していきたいものである。

1 板書は道徳的思考を促し深め統合するキャンバス

　授業において、板書はつきものである。今日のデジタル化社会ではICT機器が高度に発達して昔ながらの黒板一枚と1本のチョークで勝負する授業は次第に主流ではなくなりつつあり、これまで黒板による板書で行われてきた情報提供がICT機器を媒体としたものへ置き換えられたと理解するのも、ある意味で妥当な見解である。この板書事情は、道徳科授業においても同様である。

　そんな背景も考慮しつつ改めて板書とは何かと問われるなら、やはり生徒の学習促進を促す役割と説明できよう。教授学事典『授業研究　重要用語300基礎知識』（深澤広明・恒吉宏典編、明治図書出版、1999年、187頁）には、「板書という教授行為の目的は、子どもの思考を深化させることに尽きる」と明快に述べられている。もう少し言葉を補足するなら、黒板あるいはディスプレイは何も描かれていないキャンバスのようなもので、そこに学びの足跡を描き記していくのは学習者である生徒自身であろう。道徳科授業での板書の役割を端的に述べれば、3点あろうと考える。

A．生徒に学習の見通しをもたせる。

B．生徒自身が自らの道徳的価値観を拡げ深められるようにする。

C．生徒が自らと自己内対話しながら価値あるものを納得して受容する。

　以下、これら3点について補説していきたい。その前提要件は、先の引用を引き合いにするまでもなく、板書は生徒の道徳的思考を拡大深化させるためのものである。目的があるからこそ道徳科授業での板書計画があり、その板書形態がアナログであろうとICT活用によるデジタルによるものであろうと、目指すところは同一であることを忘れて疎かに取り扱ってはいけないということである。

《板書の役割》

　総論的には、陸上種目三段跳びの「ホップ、ステップ、ジャンプ」のイメージが板書計画にも当てはまるように思われる。最初の踏切であるホップは、その先のステップとジャンプをイメージして方向付ける役割を果たす。2歩目のステップは飛距離を伸ばすことよりも山場に向けてバランスを調整しながら最終体勢を整える役割を果たす。そして、最後のジャンプは一連の連続的な活動を背景に思いっ切り跳躍するのである。ならば、生徒の道徳学びを自分事の拡がりと深まりのあるものとしていくために、板書もこのようなセオリーを踏襲する必要があろうと考えるのは自然な発想であろう。

■導入の板書で課題を意識させて本時学習への見通しをもたせる

　これは板書であろうと、デジタル画面であろうと、生徒自身の道徳ノートであろうとも、どんな思考ツールでもかまわないのであるが、生徒が自分の学びを創るとき、突然本時学習の中核に迫っていけるわけではない。本時では自分がどのような課題意識をもって、どうその課題解決に迫っていくことが可能なのだろうかと生徒が学びの見通しをイメージしていけるような板書を工夫したい。

■展開の板書では自己課題解決の前提となる共通解を深める

　板書の山場となるが、ここで大切なのは時間軸、空間軸、対人関係軸、状況軸（木村順著『発達支援実践講座』学苑社、2015年、65〜68頁参照）という4つの座標軸を念頭に置き、それらを足場にしながら生徒の学習ニーズを膨らませていく手続きである。よって、対比的な板書となるよう構造化し、学習者が最適な価値理解として受容し、共有できる共通解を見いだせることが重要な役割となる。

■終末に至る自己課題解決と個の納得解を引き出すために共通解の確認をする

　納得解は生徒個々のプライベートで主体的な価値自覚そのものである。それは板書したり、発表させたりするようなものではない。その納得解を引き出すため、共通解の確認を板書で押さえたい。

2 板書の基本構造を通して理解させる道徳学習手続き

　繰り返しとなろうが、板書の基本構造はどのような形の提示形態であってもその役割が変わるわけではない。黒板やホワイトボード、模造紙等々のアナログ学習ツールであろうと、タブレットやプロジェクターで投影したデジタル学習ツールであろうと、学習者一人一人がそれを解して自らの道徳学びを展開できたら、それで道徳科における板書計画は有効に機能していると評価できるのである。

　「道徳の時間」から「特別の教科　道徳」へ移行転換し、道徳科授業が開始されたころに板書はどうすることが果たして適切なのかといった、笑うに笑えない真顔な議論もあった。つまり、教科書は縦書きだから板書も縦書きにとか、担当教科によっては教師自身が横書きでないと板書しにくいといったような訴えである。板書を巡る教師の疑念、そこで欠落しているのはどんなことであろうか。言うまでもなく、道徳科授業での板書は誰のためのものであるのかという素朴な問いである。生徒が自らを見つめ、自らの道徳的価値観を多面的・多角的に拡げ深めていくために板書はどうあればよいのかと考えるなら、そんな議論は些末なことである。アナログの黒板に頼らずとも、ICT活用によるデジタルディスプレーで構成しても決してタブーではないのである。そんな自由かつ柔軟な視点に立って道徳科授業の板書構想を進めていくと、多様な学びの創出可能性が広がってくるのである。

《道徳科授業における板書構想の工夫》

A. 1時間の授業の流れが一目で分かる板書計画を

　授業とは、時間軸、空間軸、対人関係軸、状況軸という座標軸に沿って時系列的かつ継続的に流れる大河のようなものである。川上から川下へと必然的な方向性をもって授業は展開し、その展開中にはときどき澱みとなるような時間があったり、大きく蛇行しながら激しく波打ったりするような場面もある。生徒は道徳科授業という学習の流れの中で同じように学んでいるように見えても、その様は決して一様ではない。「あれっ、どうして？」「何でそんな考え方をしてしまったのだろう？」等々、自分自身の中では納得できないような場面も体験するであろうし、「こんなことは当たり前」「自分もやはり、同じように考えて行動するだろうな」と教材中の登場人物の道徳的言動に賛同したり、共に語り合っている級友の発言に大いに納得したりするようなことも体験するであろう。そんなときに生徒が自分の受け止め方や考え方がこの授業の中でどう変化したのかと、1時間の学習の流れを俯瞰できるような板書であることが何よりも望ましいのである。

B. 道徳的課題解決に至る諸要件を総合的に判断できる板書計画に

　生徒の主体的な道徳学習は、自らの道徳的問いをもつところから出発する。そうでなければ、生徒は人が創ったお仕着せの道徳など自分事として受け入れないからである。「主体的・対話的で深い学び」とか、「考え、議論する道徳」と安易に口にしがちであるが、道徳学びの主人公はあくまでも生徒であるという前提に立った板書でなかったなら、それは画餅で終わってしまうのである。ならばどうするのかということになるが、そのキーワードは、生徒が道徳学習を拡大深化していくための道筋が板書の中に反映されるようにすることである。つまり、生徒一人一人の道徳的問いを摺り合わせ、調整し合って設定した共通学習課題からはじまって、その課題追求結果として共通解を共有するに至るまでに辿る様々な思考の紆余曲折や葛藤の要因が全て板書計画としてあらかじめ想定され、生徒相互の語り合いの結果として実際の板書に反映されるような構想をしていくことが何よりも重要である。

C. 板書全体を見渡すことで価値を自らの納得解として受容できる板書計画で

　どんなに精魂込めて書き綴った板書であっても、それは授業終了と共に無用なものとなる。しかし、そこに記された言葉の一つ一つは生徒相互が自らの内面を吐露した記録そのものである以上、板書として消し去られてもそこで学んだら道徳的納得解はなくならない。むしろ、しっかりと個の価値観として形成されるのである。ならば、価値受容に至る共通解が印象深く刻まれるような板書で終えたい。

道徳科授業における 学習評価の考え方とその実際

1 道徳科学習評価の基本的な考え方

　道徳科における生徒の「学び評価」は、どのように進めればよいのかという点から述べたい。なぜならば、学習評価と一口に語っても、道徳科と他教科とではその意味合いが大きく異なるからである。つまり、同じ学習評価ではあるが、道徳科と各教科とではその目的や方法論的な部分で大いに実施形態が異なっているのである。以下、「何のための評価か」といった目的性から述べていきたい。

　学習指導要領道徳科では、「生徒の学習状況や道徳性に係る成長の様子を継続的に把握し、指導に生かすよう努める必要がある」と述べられている。一方、学習指導要領総則では「各教科の目標実現に向けた学習状況を把握する観点から、単元や題材などの内容や時間のまとまりを見通しながら評価の場面や方法を工夫して、学習の過程や成果を評価し、指導の改善や学習意欲の向上を図り、資質・能力の育成に生かすようにすること」と記されている。

　対比的な視点から端的にまとめれば、道徳科では、生徒自身の人格的成長を促すという方向的目標設定に係る方向的学習評価を求めているのであり、他教科では各教科に示された内容目標の実現を目指す内容的目標設定に基づく学習評価を意図しているのである。つまり、あらかじめ設定した評価規準に基づいて目標到達度評価を行うのが各教科の個の学びの成果に基づく絶対評価であるのに対し、道徳科における学びは生徒個人の道徳的実態に基づくスタートフリーな段階からスタートしてゴールフリーな形で学習が終了するのである。それは生徒個々のよりよい生き方や在り方という人格的成長を目指しての学びである以上、目標到達度評価にはならないのである。よって、学習評価といった表現よりも生徒の「学びや成長の姿に係る評価」といった表現のほうが本来的な教育目的志向性としては適切であろうと考えるのである。

　ここまでで理解されるように、道徳科ではその評価特性から「大くくりの文章記述による肯定的個人内評価」でなければならないのである。そのため、他教科と混同されてしまうことがないよう学習評価観点といった呼称ではなく、学習における成果や学び方のよさ、道徳的成長を見取るための「評価視点」といった表現をしている。このような道徳科固有の事情から派生する学習評価について十分に留意しつつ、学び評価主体者である生徒にとってより望ましいものとなるようにしていきたい。

　もう1点、道徳科の評価として押さえておかなければならないのは、教師側の視点としてその道徳科授業を評価するための観点である。これはまさしくその授業での指導がどうであったのかを評価するための教師側の指導観点である。

　例えば、生徒の問いを生むための教材提示はどうであったのかとか、共通解へ導くための中心発問はどうであったのか等々の事柄は指導に係る明確な到達度評価規準であるから、その呼称は「観点」となる。要約すれば、生徒の学びの見取りに必要なのは「視点」であり、教師の指導評価をするための規準は「観点」として示す必要があるのである。この両方から複眼的に生徒の道徳学びを肯定的に評価していきたい。

〈豊かな学びを創るための教師の評価観点〉　　　　　　〈生徒の豊かな道徳学びを見取るための視点〉

教師は、生徒たちに何をどう学ばせるためにどのような方法で指導したのか！　　　　　**生徒は授業で道徳の何を学び、それをどう自分ごととして受け止めたのか！**

教師の授業改善への具体的な評価観点　　　　　　　　　生徒の具体的な学習状況評価視点

道徳科指導（活動）と評価の一体化

指導を通して、生徒が価値を理解する、価値について考える、価値を受け入れ実現しようとする学びを創出できたのか？

通知表と指導要録はその目的から記述内容・表現が異なる!!

授業ではどのような課題意識で協同学習を推し進め、共通解や納得解を獲得できたのか？どう肯定的自己評価をしたのか？

図3　道徳科における評価の視点と観点

② 道徳科学習評価の実践的方法

　道徳科における生徒の学びを見取ると言うのは容易いことであるが、では授業のどんな場面でどんな手法を駆使して学び評価していくのかという具体論になってくると、それは限られた授業中のことであるから難しいことでもある。以下に、具体的な手立てを述べていきたい。

　その前に、どうしても押さえておきたい道徳科授業評価の要諦がある。それは学習指導要領に述べられた道徳科学習評価に関する記述の後半、「ただし、数値などによる評価は行わないものとする」という重要部分である。道徳科授業は個としてのよりよい生き方を希求して展開されるのであるから、そこでの学びは他生徒と引き比べたり、ラベリングしたりするようなことがあってはならないという戒めである。あくまでも道徳科学習評価は個に内包された潜在的な道徳的資質・能力開発となり、個の生き方へ収斂されることにつながらなければ実施する意味がないのである。つまり、道徳科授業評価は生徒一人一人の個別な学び状況や学びの継続発展性による人格的成長プロセスを見取っていくためのものであり、個の学び方のよさ、生き方のよさを認め励ます肯定的な個人内評価となるようあらかじめ授業構想段階で育むべき道徳学習能力（モラルラーニング・スキル）を明らかにしながらどのような学びを実現していこうとするのかという視点を明確に策定する必要があるということである。

　例えば、本時の道徳科授業ではどのような学習場面でどのような道徳的諸能力（道徳的理解力や道徳的課題発見力、実践的問題解決力、思考・判断・表現力、情報活用力、メタ認知力等）を生徒に育みながら展開するのかが明確になっていなければ、その活動の裏返しでもある道徳学び評価ができないという単純な理屈である。つまり、「指導と評価の一体化」という概念の具体的な実現イメージのないところに「主体的・対話的で深い学び」も「考え、議論する道徳」も成立し得ないという単純な事実でもある。こうしたことから、学びの足跡を辿れるような方法的な評価フレームを構想したり、そこでのエビデンス（evidence：学びの成果）とすることが可能な裏付けをポートフォリオしたりして、長期的に集積していかないと容易でないことは言を俟たないことを申し添えておきたい。

　つまり、生徒の道徳学びの状況や道徳的成長の様子は、そう簡単には見取れないということでもある。また、評価するために道徳科授業をするのではないという当然の理屈もある。ならば、個々の道徳学びをどうポートフォリオ評価として継続的に把握し、指導に生かすよう努めるのかという授業者の視点をあらかじめ学習指導案で明確にしてから取り組む必要があろう。

《道徳科学習評価方法論としての評価フレーム》

　この評価フレームの基本的な考え方は、生徒の日常的道徳生活を凝縮したのが道徳科授業であるという理解を前提に個々の学びのよさ、望ましい成長を認め励ますという評価姿勢である。

A. 道徳科授業前と授業後を比較してその変容を見取る

　生徒の内面的資質である道徳性はこんな学びをしたらこう変わるとか、こんな感動で心も変容するはずだといったといった単純さを通り越した精神作用である。ならば、全く変容が見られないのかというと、決してそうではない。授業前のアンケートと授業後のワークーシートや道徳ノート記述内容の比較からも見えてくるものがある。ただし評価のためだけの書く活動設定は避けたい。

B. 道徳科授業の中での一瞬の輝きを印象評価として見取る

　授業中に生徒がぽつりと漏らしたつぶやき、意を決した一言の発言で一気に学びが深まるよう体験はよく散見されることである。いちばんよいのは授業を録画することであるが、その後の視聴や文字起こしの負担を考えると、そのときどきの印象を付箋で残したり、座席表に記号をあらかじめ決めておいて記録したりする等の方法が現実的である。教師の負担を増やさないことを前提にしたい。

C. 道徳科に連なる学校生活や家庭生活でのエピソードからも見取る

　生徒の道徳学びは授業外でも多数ある。何気ない対話中の話題を日常記録として留めていきたい。

1 道徳科におけるカリキュラム・マネジメントの意義

　道徳科における学習評価は、指導者としての教師による評価と生徒一人一人が自らの成長を促進するための自己評価や相互評価がその対象となることは理解の及ぶところであろう。つまり、道徳科における学習評価は教師の側であれば次なる学びへと学習を発展的に継続させるため、生徒の側からすればより自己成長を促進する継続的学習へつながるようにするという明確な目的志向性をもってなされるのである。これらの有意味性のある道徳科学習評価を年間カリキュラムや義務教育カリキュラムといった長期的スパンで捉えていくと、１単位時間では実現しにくい学びの総体としての道徳的資質・能力を生徒に培っていくことが可能となってくる。この意図的な長期的指導方略を他教科等と同様に道徳科カリキュラム・マネジメントとここでは称している。

　このカリキュラム・マネジメントの定義について教育評価関連事典を参照すると、「学習者の教育的成長を目的とし、実態分析や目標設定を行い、組織として適切かつ効果的なカリキュラム開発と授業実践とを効果的・効率的に推進するための理論と方法」（西岡加名恵他編『教育評価重要用語事典』明治図書出版、2021年、145頁）と解説されている。また、小・中学校学習指導要領第１章総則には、以下の３側面からカリキュラム・マネジメントが説明されている。

◎生徒や学校、地域の実態を適切に把握し、教育の目的や目標の実現に必要な教育の内容等を教科等横断的な視点で組み立てていくこと
◎教育課程の実施状況を評価してその改善を図っていくこと
◎教育課程の実施に必要な人的又は物的な体制を確保するとともにその改善を図っていくこと

　上述のような視点から各学校の教育課程に道徳教育を位置付け、それら各教育活動との緊密な連携を保ちながらの道徳科授業カリキュラム構成とそのカリキュラム・マネジメントを求められているのが今日の学校教育課題であることをまず押さえておきたい。それゆえ、学校教育目標を具現化するというトップダウンのベクトルと、毎時間の道徳科授業から指導計画や道徳教育全体計画改革を迫るボトムアップのベクトルとが随所でぶつかり合い、互いに得心できる合意調整点を見いだして改善していくカリキュラム・マネジメントが必要となるのである（**図４**）。

　この合意調整は、異なるカリキュラム評価とその改善視点を摺り合わせ、望ましい方向への合意調整する機能でモデレーション（moderation）と称している。組織として教師が互いにグループ・モデレーションすることで、教育実践に基づく組織的かつ計画的なカリキュラム改善が実現し、結果的に各学校の道徳科教育活動の質的向上が実現していくのである。大切なのは、眼前にいる生徒たちの「今、ここに」を前提とすることである。

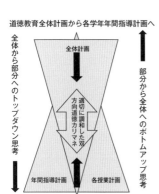

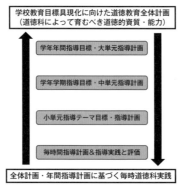

図４　全体と部分の双方向・調和往還的視点（moderation）から道徳科カリマネを構想

2 道徳科カリキュラム・マネジメントの実際

　道徳科授業は年間35時間という制約もあって、１主題１単位時間で実施されることが多い。よって、生徒の実態に基づく教科横断的な視点での入念なカリキュラム構成であったとしても、その主題での実践から得られた改善点は次年度まで生かされないのである。つまり、眼前の生徒に「今、ここに」というカリキュム・マネジメントの恩恵を還元することはできないのである。ならば、「いじめ」「情報モラル」「環境保全」等々、現代社会が包摂する多様な課題でテーマ設定し、複数時間でのユニット（小単元）を組んで生徒に一貫した課題意識をもたせた授業展開方法も可能であろう。

　学級担任中心の授業展開となる小学校に比べ、教師の負担軽減の視点からローテーション道徳を実施している中学校も多いが、生徒の道徳的実態理解もなしに１単位時間で次々と別学級を指導して回る指導効果にはやや不安を覚えるのでないだろうか。ならば、生徒も一貫して課題追求しやすく、教師も生徒との関わり合いを大切にする中で生徒と共にテーマを深め合えるユニットを用いた授業にし、同一時数で組んだユニットを各教師が順番にローテーション指導していくことも可能である。学校行事等が多いからと、できない理由を並べるよりも、どうしたらやれるかを考えたいものである。

　課題テーマに基づく複数時間構成のユニットを用いたカリキュラムの長所は、初回授業実践での改善点を踏まえて次時授業計画を微調整して構想できることである。このようなマネジメントが可能になると、生徒の道徳的実態や教師の指導改善視点も踏まえた「今、ここに」の授業が可能となってくる。カリキュラム・マネジメントではPDCAサイクルの必要性を問われるが、１年かけての当該生徒に還元されないような改善計画は意味をなさないのである。生きて働く目の前の生徒のためのマネジメントをぜひ考えたい（**図5**）。

　このような道徳科カリキュラム構成にしたら、何が変わってくるのであろうか。まずは今、目の前にいる生徒のための授業づくりが強く意識化されるであろうし、教師自身が日々担当する教科指導と同様に連続的な学びの見通しをもたせた授業構成にすることができるのである。誰のための、どんな目的性を有した道徳科授業であるべきなのかを教師が意識することができるなら、「主体的・対話的で深い学び」を実現するユニット構成はさほど困難なことではなくなってくるのである。

　同時に、毎時の道徳科授業実践から年間指導計画や道徳教育全体計画をボトムアップで見直し、次年度改善のための検討機会とその記録保存システムを学校全体の課題として共有しておくことも違和感なくできる学校風土も必要である。その主な機会は学年会といった場になるであろうし、全校的な視点から各学年での課題や具体的な改善点等を集約する役割は道徳教育推進教師が担うことになろう。一教師という点の指導から、教師集団という面での指導への改善を期待したい。

　教科担任制で日々の教育活動が展開される中学校において、道徳科はその指導そのものの不慣れさや指導成果の見取りをすることの難しさからどうしてもお座なりな指導になってしまう傾向にあることは否めない事実である。そんなときに学年協業体制を可能にできるようなユニットを用いたローテーション授業を積極的に導入するなら、道徳科のみならず生徒指導の側面でも得るものは計り知れない。眼前の生徒の道徳的実態を踏まえ、改善しつつの授業実践というのは、学年所属教師それぞれの生徒評価や授業改善に資する認識をモデレーションすることそのものであることを肝に銘じたい。

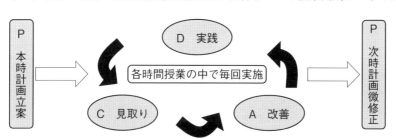

図5　継続的評価に着目する道徳科カリキュラム・マネジメント

3 カリキュラム・マネジメントを可能にする道徳科ユニットのモデル

学習指導要領第3章「特別の教科　道徳」第3「指導計画の作成と内容の取扱い」1には「各学年段階の内容項目について、相当する各学年において全て取り上げることとする」と明記されている。

つまり、年間35時間で設定されている道徳科総時数のうち、すでに22時間は取扱いが必須となっているのである。残りの13時間を学校や生徒の道徳的実態に即した重点的な指導、各学年を見通した内容項目間の関連を密にした指導、複数時間による指導が可能となるようなユニットを用いたカリキュラムとして計画できることが大きなポイントである。

そこには生徒の日常的道徳生活実態を考慮しつつも、学校として、学年として3年間もしくは1年間かけて計画的に変容を促そうとする先見的な指導観が不可欠である。**図6**は、そんな前提の下に考案された道徳科ユニットのタイプモデルである。

Type 1の重層型ユニットは、同一の内容項目を複数時間にわたって連続して指導するので、生徒にその価値が有する意味を深く追求させることが可能である。この重層型ユニットの実施にあたっては、生徒の道徳的実態把握が的確になされている必要があろうし、同一の内容項目でも用いる教材を工夫することで様々な視点から課題追求することが可能である。

例えば、「生命の尊さ」を限りあるかけがえのない個の生命という側面で捉えるのか、あるいは、個体としては有限でも子孫へ連綿と引き継がれるその崇高で畏敬に満ちた連続性に着目させてその価値認識を深めていこうとするのか等々、多様で多面的な切り口から道徳的諸価値理解を促進することが重要である。

また、Type 2の連結型ユニットは、道徳的テーマ追求という視点から様々な価値フィルターを通して検討することで、自らの道徳的価値観を拡がりと奥行きのあるものとしていくことが可能となってくる。多様な道徳的価値が複合的に交錯している現代社会では、こんな複眼的思考は不可欠であるし、大切にしていきたい視点である。

3番目のType 3となる複合型ユニットは、連結型ユニットで見られる多様な価値フィルターを通してテーマ追求するだけでなく、他教科等での学びもテーマの中に取り込んでしまうことで広い視点で、より複眼的に課題追求することを意図した複雑化する現代社会対応型の学びユニットである。

ここまでで既に理解が及ぶかと思われるが、教師が日々取り組んでいる道徳科授業はただ単独で無目的に実践されているのではないということである。学校教育目標具現化の1パートを担い、そこでの成果が他教育活動に波及することで相互連環的に生徒の望ましい人格形成へと寄与するのである。その意味で、学校教育全体で行う道徳教育という取り出し教科として指導する道徳科の連携を大切にしていきたい。

パッケージ型ユニット構成のタイプ類型　♥1ユニットは2〜4時間程度で計画する

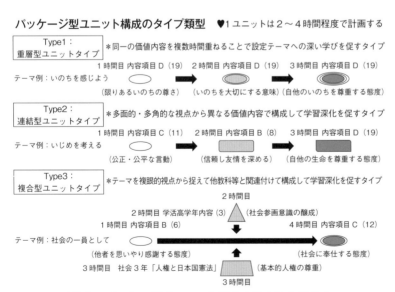

図6　パッケージ型ユニット構成の基本的な考え方

4 道徳科カリキュラム・マネジメント充実促進のための要諦

　堅苦しい表現だが、道徳科年間指導計画のマネジメントも、毎時間の道徳科授業マネジメントも、その根本の部分にはグループ・モデレーション手続きが不可欠なのである。モデレーションの語意は異なる部分を緩和する、調整手続きで比較可能にするといった含意があり、正確に調整するというキャリブレーション（calibration：較正）とは対比的な考え方である。道徳科年間指導計画のマネジメントといってもそれを評価する実践者の事情によって大きく異なるが、学年会等の場で語り合って平準化していくことで次年度への改善点やその手続き的な了解が参加者の相互共有として得られる。

　次に授業マネジメントとしてのモデレーション手続きであるが、その主体者は言うまでもなく道徳学習を自ら促進する生徒たちである。道徳性はいくら教師が教え込もうとしても、当事者が納得しなければ不可能なのである。ならば、何で道徳科授業においてグループ・モデレーションが重要なのか。それは、道徳科授業において協同的な道徳学びを実現していくためにはその必然として共通学習課題の共有がどうしても必要だからである。つまり、モデレーション手続きである。もう少し補足するなら、道徳科授業において生徒一人一人が主体的な自分事の学びを開始するためには、その前提となる個としての道徳的問いをもっていることが必要である。その問いの究明に向けて学び深めていくためには、異なる価値観をもつ他者との語り合いを実現してくれる学習集団が不可欠なのである。

　その異なる価値観を内包する学習集団での語り合い・学び合いにおいては、その内容が散漫にならないようにするために共通学習課題（学習のめあて）設定が不可欠である。それがあってこそ、集団的語り合い学習のプロセスでは多様なものの見方・感じ方・考え方が示され、個としての問いを探求する上で必要な情報を多面的・多角的な視点から生徒一人一人に様々な示唆を与えてくれる。そして、それが結果的にどう自分の学びに影響を及ぼし、そこで何をどのように深める学習にできたのかとそれを自己評価する手がかりになるのである。

　道徳的な学習成果や自己成長実感をモニタリングできるのは、ほかならぬ学習主体者である生徒自身であることを勘案するなら、そのための自己評価規準となる共通学習課題をどう設定するのかは道徳科授業の肝となり、そこでの生徒の道徳科学び創出の要諦となるのである。そんな生徒個々の道徳的問いを摺り合わせ、調整し、互いの納得の共有というグループ・モデレーション手続きを経ていくことは、まさに個として他者と共によりよく生きることを意図する道徳科授業においては、何をさておいても重視しなければならないことである。この生徒個々の主体的な道徳的問題意識としての「問い」を引き出し、その協同学習を可能にするための共通学習課題を設定・共有し合うためのグループ・モデレーションとは、道徳科授業マネジメントそのものでもあるのである。生徒自身の主体的な学びを実現するために欠かせない道徳的問いを生まないような授業、その道徳的問いを解決するために不可欠な多面的・多角的な協同学習の場を創出する共通学習課題設定と共有手続きをもたない授業では、これからの道徳科新時代、令和の日本型道徳科授業の具現化された姿として掲げる個別最適な道徳学びも、生徒が互いに道徳的価値観を拡げ深め合う協同的な学び（集団的合意形成としての協働ではなく個としての納得解を紡ぐための協同学習という観点から）も実現することができないであろう。

　従前の「道徳の時間」でその育成が求められていた道徳的実践力と今日の「特別の教科　道徳」＝道徳科で育みが期待されている道徳性にその本質的な差違はないのであるが、そこで期待される道徳的資質・能力育成を視座したとき、道徳科における内面的資質形成を可能にする授業マネジメントの考え方や進め方を問い直すと、やはり同様の実践視点ではないと考えるのである。つまり、これからの道徳科授業づくりは、しっかりと生徒一人一人を見つめ、教師一人一人が道徳科の特質を踏まえた授業づくりをしていくことが何よりも大切であろうと考える次第である。

　本書で提案する毎時の板書計画と授業展開事例は、未来志向型の道徳科授業づくりの一歩である。

3

第2学年における
道徳科授業の展開

教材名　　　　　　　出典：日文
ネット将棋

主題 悔いなき行動をとるということ

A（1）自主、自律、自由と責任

本時のねらい

　自分の弱さを受け入れるには、勇気がいる。自分の弱さを受け入れ、その弱さを克服しながら人は前進し、成長へと向かう。

　主人公の「僕」は、自分よりも弱いと思っていた敏和と将棋で対戦する。ところが、簡単に勝てると思っていた相手に、不利な状況へと追い詰められてしまう。敏和の強さの秘訣がネット将棋にあることを知った「僕」はネット将棋をはじめるが、何度やっても強くなっている気がしない。この違いは、どこから来るのか。

　僕が敏和に「負けました」と言えない理由について考えることを通して、負けを受け入れられないことには理由があることに気付き、自分のそうした弱さを受け入れつつ悔いのない責任ある行動をとろうとする意欲を高める。

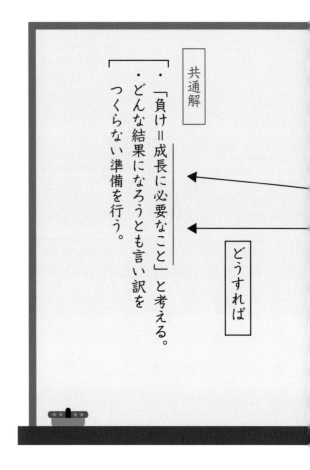

本時の展開 ▷▷▷

1 学習課題を設定する

必須発問①
負けることを心から受け入れられないのはなぜだろう。

　授業開始直後、「負けることは好きですか？」と問う。多くの生徒が「負けることは好きではない」と回答することが予想される。その後、必須発問①を取り上げる。すると、学級の生徒は大きく2つに分かれることとなる。

　中学生であれば、負けることは人生にとって大切なことであると体験によって理解している生徒はいる。お互いの意見を交流させていくなかで、負けることが人生に与える価値と負けに対する受け止め方のズレに焦点を当てて、学習課題へとつなげていく。

2 共通解を導き出す

中心発問
どうすれば、僕は敏和に心から「負けました」と言えるだろうか。

　将棋には3つの礼（①はじまりの礼、②負けの宣言の礼、③終わりの礼）があることを説明し、教材に入る。教材を読み終えた後、「ネット将棋で簡単にログアウトを選択する『僕』の気持ちが分かりますか？」と問う。ネットゲーム世代の中学生から、共通の体験が引き出されることだろう。僕の気持ちを共感的に理解させたのち、僕が敏和に心から「負けました」と言えない理由について考えさせる。その後、上記の中心発問を行い、意見交流させながら共通解を導いていく。

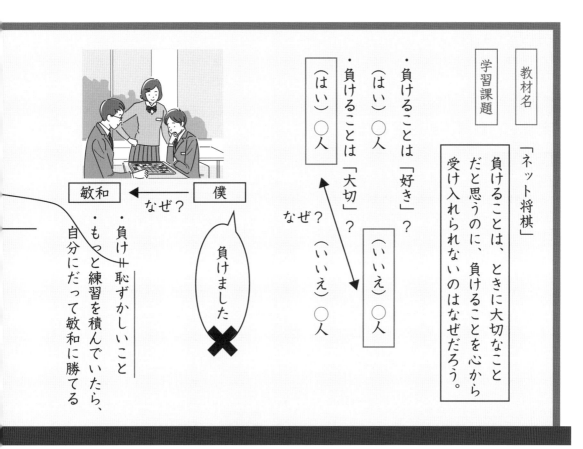

学習課題 負けることは、ときに大切なこと
だと思うのに、負けることを心から
受け入れられないのはなぜだろう。

・負けることは「好き」？
（はい）○人
（はい）○人
・負けることは「大切」？
（いいえ）○人
（はい）○人
なぜ？ （いいえ）○人

負けました ✕

なぜ？
敏和 ← 僕

・負け≠恥ずかしいこと
・もっと練習を積んでいたら、
自分にだって敏和に勝てる

3 納得解と向き合う

必須発問②
人生には、ここぞという勝負の場面があるが、今
日の授業でのどんな学びを思い出したいか。

　必須発問②を投げかけ、授業での学びを個の
生活上へと落とし込んでいく。そのために、ま
ず、個で考えを記述させる。記述させる際に
は、できるだけ短い言葉や文で表現するように
指導する。短く書かせることで要点を押さえ、
聞き手に分かりやすく、記述した本人にとって
もその後の人生の羅針盤として活用しやすいか
らである。その後、班で意見交流させる。その
際、班で「学級全体に紹介したい意見」を１
つ選択させる。最後に各班から意見を発表さ
せ、学級全体で共有する。

よりよい授業へのステップアップ

**簡単にログアウトしてしまう心理
を実体験から引き出す**

　敏和と対戦し不利な状況に追い詰め
られても「負けました」と言わない
「僕」が、ネット上では簡単にログア
ウトする。こうしたネット上の軽率な
行為は、枚挙にいとまがない。人間の
心の弱さがその背景にあると考える。
心の弱さを実体験に基づいて生徒が本
音で語れるかどうかが、その後に続く
「僕」が敏和に心から「負けました」
と言えない理由や中心発問での展開に
おいて重要となる。

許せないよね

主題 SNS と責任

A（1）自主、自律、自由と責任

本時のねらい

　物事に対して自主的に考え、誠実に取り組み、責任ある行動を取ることは大切である。しかし、中学生の時期は、他者の情報を鵜呑みにしてしまい、一時の感情に左右されたまま失敗に気付かず、無責任な行動をとることも少なくない。

　主人公の香織は、友達の千佳に起こった出来事に対する SNS 上の言葉のやりとりに不信感を覚えるものの、千佳からの連絡に対して自分では思ってもいない返答をしてしまう。それが原因で状況がエスカレートしてしまう。

　ネット上で起こる人間関係のトラブルに対して問題意識をもち、香織の判断を考えることを通して、自身の判断と行動に責任をもつことの大切さを考えようとする態度を養う。

教材名
「許せないよね」

学習課題
SNS上でのトラブルを未然に防ぐにはどうしたらいいのだろう？

親
関係
金銭　いじめ　かける
課金　でる　いじる
トラブル
人間関係
犯罪
騙す
見つかる　迷惑
匿名　でたらめ　いやがらせ
情報

顔を合わせていない
何も考えていない
普段から言葉がひどい
みんなもしているから

本時の展開 ▷▷▷

1 学習課題を設定する

必須発問①
どうしてこんなにも SNS 上での人間関係のトラブルが多いのだろうか。

　はじめに SNS に関わる問題点について、Google フォームを利用して「ネット上で起こりそうな問題にはどんなことがあるかな？」と問い、考えを集約する。それをテキストマイニングで図に変換して示し、感じたことを発表し合う。

　そこから、「どうしてこんなに問題が起こるのだろう？」という疑問を引き出し、意見を交流する。その後、「この問題をどうにかしないといけないね」と視点を整理し、本時の学習課題につなげる。

2 共通解を考える

中心発問
SNS を利用する際には、どんなことを想像することが大切なのだろうか。

　匿名による根拠のない情報や多くの人の憶測が千佳の心をかき乱していること、香織の安易な返信が千佳の行動に拍車をかけていること等を押さえ、「香織は大きくため息をついた後に、どんなことを考えていたのかな？」と問う。

　香織の後悔する思いや翌日に沙弥を責める千佳の姿、周囲の冷たい視線に関わることが出される。ここで、「SNS を利用する際には、どんなことを想像したらよいのかな？」と問う。共通解を導き出すために、小グループで話し合わせた後、全体で意見を交流する。

香織のため息

本当によかったのかな…
やっぱりダメだよな…
もう一回連絡して訂正しようかな

私は悪くない…でも…
悪いのは匿名の人だ
私は悪くないけど明日が怖い

大きな後悔

取り返しがつかない

大問題

共通解

SNS等を利用する際に大切な
こととは？

・自分の言葉の先を考える
・本当に使ってよい言葉なのか
　を立ち止まって考える
・人を傷付けないかを確認する
・発信することや言葉に責任を
　もつ

③ 納得解と向き合う

必須発問②
想像したことと今の自分を比べてみて、気付いた
り考えたりしたことをまとめよう。

　終末に、共通解で出てきた考えと自分の今と
を比べ、SNSを利用する際に、自分がどのよ
うなことを想像していたのかを考えさせる時間
を設定する。また、人間関係のトラブルに限ら
ず、金銭関係、利用時間等の広い視野からも考
えられるように、❶で示したテキストマイニン
グの図を改めて示す。
　自らを律し、自分や他者に対して誠実である
ことや、想像力を働かせながら、責任ある行動
を大切にしようとすることを、自分事として捉
えていく時間を十分にとりたい。

よりよい授業へのステップアップ

体験的な学びで想像力を働かせる

　❷の場面で、体験的に考えさせるた
めに、タブレットを活用して、教材内
容と同様の事柄をテーマにチャットの
やりとりをさせる。そのとき、どんな
ことを意識したり、大切にしたりしな
がら言葉を送信したのか、送信された
言葉にどんな思いを抱いたのかを考え
させる。
　また、「安易に人を傷付けるような
言葉を送信してしまうのはどうしてな
んだろうか？」と、送る側の心の内を
想像できるようにすると、より深まり
のある共通解を期待できる。

夢中になるのは悪いこと？

主題 望ましい生活習慣とは？

A⑵節度、節制

本時のねらい

　インターネットやSNSなどが生活の一部となった一方、依存や情報モラル上のトラブルも社会問題となっている。また、中学生は、著しい心身の発達に伴い活動に対して意欲的になる反面、必ずしも心と体のバランスが保たれているとはいえない。

　本教材では、中高生を対象とした自由時間についての調査や、ネットゲームへの依存に関する新聞記事を通して、望ましい生活習慣を身に付けることのよさについて考えさせる。

　節度を守り、節制を心がけた生活をすることが、充実した人生を送る上で欠かせないことを生徒自らが自覚し、積極的に実践していこうとする姿に期待したい。また、今後の人生に対して前向きに捉えられるような時間としたい。

```
┌─────────────────────────┐
│ 教材名                  │
│「夢中になるのは悪いこと？」│
│ 学習課題                │
│ 望ましい生活習慣を身に付け │
│ ることにはどんなよさがある │
│ のだろう。              │
│                         │
│     夢中になることは…    │
│  ◀━━━━━━━━━━━━━━━━━     │
│  よいこと               │
│ ・中途半端はよ  ・バランスがとれ │
│　くない　　　　　れば問題ない │
│ ・夢中になるこ  ・部活と勉強など │
│　とで、何事も　　では両立するこ │
│　上達する　　　　とが大事 │
└─────────────────────────┘
```

本時の展開 ▷▷▷

1 学習課題を設定する

必須発問①
何かに夢中になるのは悪いことだろうか。

　最初に「今、あなたが夢中になっていることは何かありますか？」と問い、簡単なやりとりを行う。次に、導入として発問①を行うことで、生徒が問題意識をもてるようにする。数直線上の両端に「よいこと」「悪いこと」と記載し、ネームカードを貼らせ、考えを交流する。それぞれの立場を踏まえた上での発言となるため、一概にどちらかが間違っているとはいえないだろう。その後、教科書の自由時間についての調査のページを範読し、結果について気付いたことを発表し合う。

2 共通解を導き出す

中心発問
「依存」に陥らない生活を送るために必要なことは、何だろうか。

　「ネットゲーム、手放せない」を範読した後に、中心発問を行う。ここでは、はじめは比較的表面的で行動変容の必要性を訴えかけるような内容が予想される。そうした発言に対しては、「どうしたらそのような自分になれるでしょう」などと問い返すことが、自らを振り返らせる上で有効である。実際にいけないと思っていてもつい安きに流されてしまうこと、言うは容易いが、行うは難しいことなどを自覚することで、節度を守り節制を心がけて生活することの重要性を再認識していく。

「依存」に陥らない生活を送るために必要なことは、何だろうか。

・何事も「やりすぎ」はいけない
　↓
ほどよく、適度に

・周りを見て行動する
・バランスを考える
・健康第一で考える
・助けを求める

・ルールを決める
・計画的に物事を進める
・ときには我慢も大切

悪いこと

共通解

「他に楽しいと思えることに出合えた」
「踏み出した先に自分の道がある」
　↓
・充実した人生を送ることができる
・健康にもよい
・新しい自分に出会えるかもしれない

・ネットやゲーム
　の依存はよくない
・健康に影響が出て
　きたら問題

・周りが見えなく
　なって迷惑をか
　けることもある
・他のことがおろ
　そかになる

3 納得解と向き合う

必須発問②
望ましい生活習慣を身に付けることにはどんなよ
さがあるのだろう。

　節度を守り節制を心がけて生活することが、
いかに自らの人生を充実したものにするかを考
えさせる。望ましい生活習慣を身に付けること
の大切さは、多くの生徒は授業前から分かって
いるはずである。だからこそ、そのよさについ
て前向きに捉えさせることで、進んで行ってい
こうとする心を育てたい。
　なお、ここでは、今後の自分自身の生き方に
ついて問うているため、これまでの生活につい
て無理に反省させたり、決意を述べさせるよう
な時間とならないように留意したい。

よりよい授業へのステップアップ

生徒が意思表示をする際の工夫

　本時では、ネームカードを黒板に貼
る例を提示したが、例えば心情円盤や
タブレット端末等で同様の活動を行う
ことも可能である。発言することが苦
手な生徒でも、全員一斉の意思表示で
あれば行いやすい。また、本時のよう
に数直線等を活用することで、わずか
な違いに着目することもできる。その
違いを掘り下げていくことで、生徒は
より多面的・多角的に問題を捉えられ
るようになる。仲間の違いを知る面白
さがあり、学習に対して主体的に取り
組む姿も期待できる。

教材名　　　　　　　出典：光村

箱根駅伝に挑む

主題 望ましい生活習慣

A (2)節度、節制

本時のねらい

「節度」とは心身の健康を損なうことのない適切な程度のことであり、その節度を超えないように自己を制御することを「節制」という。中学生の時期は、心と体の発達が必ずしも均衡しているわけではなく、衝動にかられた行動に走り、健康を損なってしまうことがある。

この教材は、箱根駅伝連覇を成し遂げた青山学院大学の話である。選手たちが結果を残すために規則正しい生活を送り、掃除などに取り組んでいる生活の様子について書かれている。

一見関係のないような生活習慣でも、自分の意思で生活を見直し、コントロールできるようになることが、自分自身の将来を豊かにしていくことに気付かせ、望ましい生活習慣を身に付けようという態度を養う。

教材名

「箱根駅伝に挑む」

学習課題

生活習慣を整えることには、
どのような意味があるだろう。

私の生活習慣
・あいさつ　　　→　大事だから
・掃除　　　　　→　汚いのは嫌
・早寝、早起き　→　健康のため

青山学院大学

生活のきまり
・5時起床
・食事は好き嫌いしない
・掃除は全員がやる
・消灯は22時15分
　　↓
結果？

本時の展開 ▷▷▷

1 学習課題を設定する

必須発問①
生活習慣を整えることが、なぜ結果につながるのだろう。

はじめに「普段意識している生活習慣はありますか」と問い、生活習慣への生徒の意識を共有する。「なぜ意識しているのですか」と問い返し板書した後に、青山学院大学陸上競技部について紹介する。寮生活の決まりや、選手たちの生活習慣へのこだわりについて提示する。勝つために生活習慣を意識する選手たちの意識と自分たちの意識を比べながら、必須発問①につなげる。生徒の考えを聞きながら「本当に生活習慣の改善が関係しているのかな」と切り返すことで、学習課題設定の足がかりにする。

2 共通解を考える

中心発問
「生活習慣を整える」ということに、選手たちのどのような思いが込められているだろう。

生徒が考えやすいように、部活動などを例に挙げながら考えさせる。はじめに生活習慣が結果につながるかを議論する。否定的な意見が出ても聞き入れることで、生活の節度を守ることの難しさについても考える。また、結果につながるかという議論では、様々な価値観から議論が収束しないことが予想される。そこで「『監督に言われたから』『先輩に言われたから』ではだめなんです」という選手の言葉から、結果につながるかだけではなく、自分から行動する意義を考えて、中心発問につなげる。

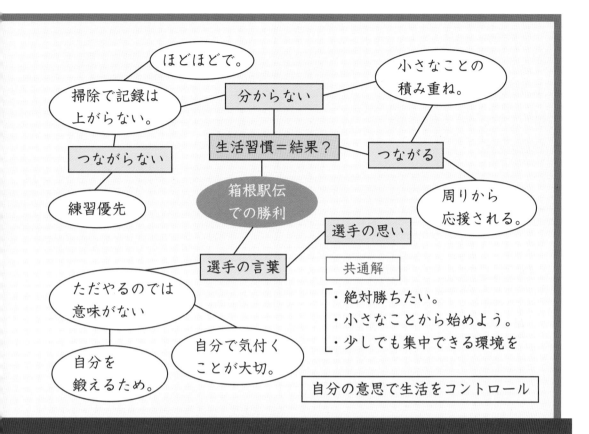

掃除で記録は
上がらない。

ほどほどで。

分からない

小さなことの
積み重ね。

生活習慣＝結果？

つながらない

練習優先

箱根駅伝
での勝利

つながる

周りから
応援される。

選手の思い

選手の言葉

共通解

ただやるのでは
意味がない

・絶対勝ちたい。
・小さなことから始めよう。
・少しでも集中できる環境を

自分で気付く
ことが大切。

自分を
鍛えるため。

自分の意思で生活をコントロール

3 納得解と向き合う

必須発問②
生活習慣を整えることは自分にとってどんな意味
があるだろうか。

　中心発問で選手の目標に対する思いの強さに
触れ、自分で生活をコントロールすることが大
切だという共通解のもと、必須発問②について
考える時間を設定する。より自分事として考え
させるために、教材のような大きな目標だけで
はなく、日常の小さなことにも成果が出ること
に着目させたい。
　生徒によっては「これから自分はこうしてい
きたい」といった今後の目標を記述する生徒も
いることが予想される。受容的に受け止めた上
で、そう思った根拠を大切にさせたい。

よりよい授業へのステップアップ

モヤモヤ感から共通解につなぐ

　「生活習慣を整えることが結果につ
ながる」ではなく「生活習慣を整え
ることが自分をコントロールする力」に
つながることに気付かせたい。話し合
いの序盤では、あえて生活習慣と結果
について考えさせ、生徒にモヤモヤ感
をもたせる。また、選手の言葉から
「ただやるのでは意味がない」ことに
気付かせ、共通解への糸口をつかませ
る。このとき気を付けたいのが、生活
習慣と結果についての議論が授業の中
心ではないことである。価値に迫る中
心発問の時間をしっかりと確保したい。

教材名　　　　　　　出典：日文
「自分」ってなんだろう

主題 自己を見つめる

A (3)向上心、個性の伸長

本時のねらい

　人それぞれがもっている個性を理解し、その気付きと自己理解に努め、自分らしく生きようとする態度を育てる。

　自分の存在価値を自問しながら生きる「ブタ」の姿が４コマ漫画に描かれている。漫画のキャラクターを通して「ありのままの自分」という文章で再確認できる。また「他者との比較ではなく、ありのままの自分」に気付くことが期待できる教材である。

　「ありのままの自分とはいったいどんな姿なのか」それぞれの答えをもち、他者がもっていない自分のよさに気付き、自分にないよさを他者がもっていることに気付けるような授業を行っていきたい。

```
共通解

宝石
・誰にも奪われない自分の
　大切な部分

「宝石になる」努力を惜しまない
・自分にうそをつかない
・ありのままの自分を大切にする
・弱さを愛する
・信念を貫く
```

本時の展開 ▷▷▷

1 学習課題を設定する

必須発問①
「自分」のよさとはいったいどんなところなんだろうか。

　「自分のよさはいったいどんなところなのか？」を付箋に書かせ、全体で共有する。「おっちょこちょい」や「おとなしい」「活発」といった言葉を紹介しながら、どうしてそう思うのかを聞きながら、自分自身がまず自分をどう見ているのかを明確にする。

　また、同じ班の仲間で「〇〇さんはこう言っているけれど、みんなから見た〇〇さんの素敵なところは何だろう？」と問いながら、「自分が思う姿」と「他者が思う姿」の両方をもって授業を進めていく。

2 共通解を導き出す

中心発問
「宝石になる」ために大切なことは何だろうか。

　ここで「自分を輝かせるために大切なことは何か」について考えをもたせたい。「何よりも自分を大切にすること」「飾らない自分をさらけ出す」といった考えをもたせ、人によく見てもらおうとばかり思わずに、ありのままの自分を大切にする気持ちをもたせたい。

　一方で、そういった気持ちを気付けるようになるには、他者の力が必要であるということにも気付かせたい。誰かからの言葉によって、自分のよさを見付けることができることも感じ取らせたい。

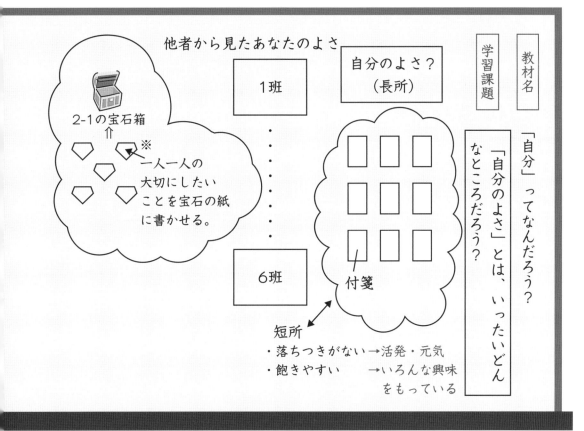

他者から見たあなたのよさ

2-1の宝石箱

※一人一人の大切にしたいことを宝石の紙に書かせる。

1班

6班

付箋

短所
・落ちつきがない →活発・元気
・飽きやすい　　→いろんな興味をもっている

自分のよさ？（長所）

学習課題

教材名

「自分」ってなんだろう？

「自分のよさ」とは、いったいどんなところだろう？

3　納得解と向き合う

必須発問②
自分の中の大切にしたい「宝石」は何だろうか。

　「『自分』って何だろう」という話を通して、改めて自分の中にある「宝石（よさ）」を見付け出したい。仲間からの言葉や、教材を通して、自分のよさを見付け出し、大事にさせたい。

　それぞれが考えた「自分の宝石」を黒板に集め、宝箱箱の中に入れて共有したい。「人がどう思っても、自分のよさをこれからも大切にしていく」ような気持ちをもたせるように工夫していく。

よりよい授業へのステップアップ

視野を広げるきっかけに

　自分の「見てほしい部分」とは、言い換えれば「相手に見せたくない部分」を隠すためにある。そこで、授業内でアンケートを取り、「自分の短所はどんなところか」について匿名で紹介する。例えば「すぐに決められないところ」という言葉が出たら、教師から「これを長所に換えたらどうなるだろう？」と問い、「慎重に考える人」や「思慮深い人」などの言葉を出し、「短所も見方を変えれば長所になる」という多面的に物事を見るきっかけにしてもよい。

教材名　　　　　　　出典：光村

優しさの光線

主題　自分の「よさ」を見つめる

A (3)向上心、個性の伸長

本時のねらい

　中学生の時期は、自分らしくありたいと願う反面、他人と比較して自信を喪失したり、不安を感じたりすることが多い。今の自分を受容し、自分の「よさ」を見付けながらよりよく生きていこうとする心情を育てる必要がある。

　主人公の翔は将来の夢や目標がはっきりせず、思い悩み、自信を失いかけている。翔だけにある「よさ」に気付いた藤崎先生の言葉をきっかけに、翔は生き方や考え方を前向きに考えられるようになる。

　不安や焦りを乗り越え、前向きに今後に生かそうとする翔の心の変化を捉えながら共感することを通して、自分を見つめ、自分のよさを生かし伸ばしていく充実した生き方をしようとする意欲を育てる。

本時の展開　▷▷▷

1　学習課題を設定する

必須発問①
「まだ、わからないです」と、小さな声で答えた翔のことをどう思うか。

　まずは学校生活アンケートなどの自己肯定感に関する調査結果を提示し、この時期の多くの生徒が自己肯定感が高くないことを確認する。範読後に、翔が藤崎先生の問いに対し、すぐに答えられない様子から、翔が「将来の夢や目標がはっきりしていない」ことを確認する。

　そこから、小さな声で返答したことや「まだ」のフレーズに着目させ、自分には「よさ」がないことに悩み、自信を失いかけていること、自分らしさを見付けたいが、見付けられない焦りを共感させることで学習課題につなげる。

2　共通解を導き出す

中心発問
「久しぶりに空を見上げました」という翔は、空を見上げてどんなことを思っていたのだろうか。

　藤崎先生から認められた言葉が翔の胸に響き、不安が安心感に変わり、少し自信を取り戻す翔の心の変容を押さえ、「空を見上げた翔はどんなことを思っているのか？」を問う。自己を肯定的に受け止めることの喜び、自分の「よさ」を発見し、前向きに生活しようとすることが出される。グループで話し合うことを通して、多様な考えに気付かせる。そして、共通解を導き出すために押しの一手。「僕にしかない」のフレーズに着目させ、ナンバー1ではなくオンリー1という視点から共通解を導き出す。

"優しさの光線"
翔を理解している
不安や悩みも

「山本君にしかない優しさ」
<u>自分にしかないものを見付け</u>
れば、夢が見つかるかも

土曜日

・自分にある「優しさ」に
気付けて嬉しい
・自分の優しさを大事にしたい
・もっとよいところを見付けて
いきたい。

自分らしく

生きるって？

共通解

自分にしかない「よさ」
誰もがもっている「よさ」を
見つめて生きる

3 納得解と向き合う

必須発問②
自分の「よさ」を見つめることについて、気付いたことや考えたことをまとめよう。

　終末に、翔の心の変容を自分と照らし合わせて気付いたことや考えたことをまとめる時間を設定する。自分の「よさ」を見付けるときにマイナス面でもリフレーミングにより「よさ」になることを伝え、自己発見につなげる。「よさ」は他人との比較ではなく、自分の持ち味といった本時に考えてきた視点や共通解で出されたことについて、向き合わせたい。自分の「よさ」を見つめることで今の自分に悩んでいる生徒には希望を与え、順調に生活している生徒には羅針盤となるように捉えさせる。

よりよい授業へのステップアップ

家族との対話で、自分らしさを深める

　自分のことを自分では言いにくかったり、自分のよさを見付けようとするが、見付けられなかったりして、自己肯定感を低下させてしまう恐れがある。そこで、授業後に家庭学習として家族に自分の「よさ」についてインタビューする課題を設けることも考えられる。翔のように学校外で「よさ」が見付かる場合もある。自分らしさについて家族と共に考えることを通して、深まりのある納得解を導くことが期待できる。

教材名　　　　　　出典：日文

初心

A (4) 希望と勇気、克己と強い意志

本時のねらい

　突如として目の前に困難が立ちはだかったとき、困難に真っ向から立ち向かう人と目を背ける人とでは、その後の成長やそこから得られる収穫は大きく異なる。中学生になると、部活動や受験などこれまでに経験したことのない場面で、さまざまな困難に直面することだろう。

　井上康生さんは、柔道で幼少期から活躍し、世間で瞬く間に知られるようになった。しかし、大学2年生のある大会で負けてしまって以降、思うような結果を出せない日々が続いた。

　井上さんが選手時代に困難を乗り越えた際に母が送った手紙の一文の意味を考えることを通して、初心を振り返ることの大切さに気付き、結果にとらわれず前向きに困難を乗り越えようとする態度を育てる。

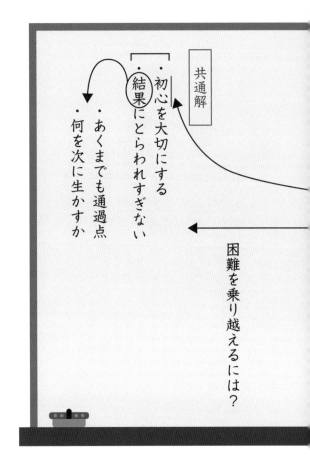

本時の展開 ▷▷▷

1　学習課題を設定する

必須発問①
井上康生さんは、どのようにして困難を乗り越えたのだろう。

　東京2020オリンピック競技大会のエンブレムを提示し、印象に残った競技について尋ねる。生徒たちのオリンピックに対する関心が高まったところで、井上さんの写真を提示する。井上さんの活躍を知らない生徒がいることを考え、幼少期から数々の偉業を成し遂げ、東京2020オリンピックでは監督の立場で日本の柔道を引っ張ってきたことを紹介する。そうした井上さんにも、過去に大きな困難が立ちはだかったことを告げる。必須発問①で各々の体験を想起させ、本時の学習課題へとつなげていく。

2　共通解を導き出す

中心発問
母が康生さんに伝えたかったこととは、どんなことだったのだろう。

　「すべて初心に返って頑張ってください」

　この一文を提示後、初心の意味「始めに思い立った心【広辞苑】」を確認する。そして、母の言葉に込められた意味を問う。

　生徒たちから意見が出にくい場合は、「井上さんが柔道をはじめたばかりの頃に思い立った心とは何であったか」「そうした初心をもつと、どんなことがよいのか」など具体的に考えさせる。互いの意見を交流する中で、上記の中心発問を取り上げ、共通解を導き出していく。

教材名「初心」

学習課題　困難を乗り越えるときに大切なこととは、どんなことだろう。

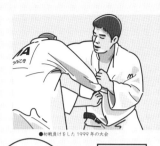

●初戦負けをした 1999 年の大会

井上康生さん

勝てない
・県大会優勝（小4）
・全国大会優勝（小5）
・数々の大会で優勝（高校）
・全国大会優勝（大学）
・アジア大会優勝（大学）

あせり

『すべて初心に返って頑張ってください。』

・楽しい
・もっと上手くなりたい
・練習したら、できるようになった
・早く試合がしたい

---

3 納得解と向き合う

必須発問②
困難が立ちはだかった若き選手たちに対して、監督として、どんな言葉をかけていると思うか。

　東京2020オリンピック競技大会で日本柔道の監督を務めた井上さん。選手から監督へと立場を替えた今、オリンピックに向けて困難に直面した若き選手たちにどんな言葉をかけているかを必須発問②により想像させる。

　これにより、困難に直面したとき自分自身がどのような心で向き合っていくのかを感じ取らせたい。学級で意見を共有した後は、2000年夏のシドニーオリンピック決勝後、母の遺影を掲げる井上康生さんの姿を視聴し、余韻を残して授業を終える。

よりよい授業へのステップアップ

東京オリンピック2020の記事を活用

　日本柔道の監督を務めた井上康生さんがチームを率い、ロンドンオリンピックで金メダル 0 であった日本が、リオデジャネイロオリンピックで男子柔道 7 階級すべてでメダル獲得、2020年東京オリンピックで金メダル 5 個獲得との偉業を成し遂げた。試合終了後、大野将平選手が記者に対して、「井上監督を全員が尊敬している」と発言している。発言の背後にある井上さんの人間性に触れることができる素材である。

教材名　　　　　　出典：東書
左手でつかんだ音楽

主題　あきらめないこと

A(4)希望と勇気、克己と強い意志

本時のねらい

　口では「あきらめないことが大切」と簡単に言えるが、努力を続けても解決できないこともある。そんなどうしようもできない苦しさと向き合ったときに大切なことは何かを考える。

　脳出血が原因で右手が使えなくなってしまったピアニストの舘野さんは、あきらめずにリハビリに努めていたが、両手での演奏は難しく挫折してしまう。しかし、息子のヤンネさんの支えのおかげで、左手で弾くという別のアプローチから挫折を乗り越えることができた。

　入院中に声をかけてくれた人たちとヤンネさんとの違いについて考えることを通して、逃げるのではなく、別のアプローチをすることの大切さを知り、困難にぶつかってもあきらめないで取り組もうとする道徳的実践意欲を高める。

教材名
「左手でつかんだ音楽」

学習課題
あきらめちゃうことは仕方がないこと？

「挫折」とは？
　棒グラフ

・苦しい
・あきらめる
・辛い
・避けたい
・乗り越えると成長　難しい

「あきらめない」＝　大事？

本時の展開 ▷▷▷

1 学習課題を設定する

必須発問①
挫折とはどんなものだろう。

　Webフォームなどを活用し、挫折の「経験」や「イメージ」について生徒に事前アンケートを行い集計する。その結果をもとに、挫折とはどんなものかを確認していく。

　「挫折はできれば避けたい」「乗り越えることが大切だと思うけど難しい」といった挫折に対するマイナスの考えを引き出しつつ、「あきらめてしまうことも仕方がないことだね」と人間の弱い部分に共感しつつ、「でも、『あきらめないことが大事』ってみんなよく言うよね？」と問いかけて、学習課題につなげる。

2 共通解を考える

中心発問
舘野さんが本当にやりたかったことは何だろう。

　病気のときと、努力したのに右手が使えないことが分かったときの挫折の大きさを比較させる。大きくなったのは、努力をしたのに報われなかったことが原因だということに気付かせる。

　大きな挫折をしたときの見舞いに来た人たちの声かけとヤンネさんの差し出した楽譜の違いについて考えさせる。

　本当にやりたかったことについて考えを深めていくことで、やりたかったことだからこそ固定観念を外して、別の方法でも受け入れられたということに気付かせたい。

共通解
- 本当にやりたいことなら、あきらめないし、１つの方法にとらわれてはいけない。
- あきらめないでやったのに、さらにうまくいかないのはとても苦しいことだ。

活躍　　　病気　　　右手使えない　　　左手で演奏 →

挫折　　努力したのに → 挫折

リハビリ
- 希望
- 期待

見舞客
別のことを
してみては？

ヤンネ
左手用の曲
を弾いて

- ピアノを弾くこと
- 自分を表現すること

- 気分転換でしかない？
- 苦しいことから逃げてる？

- 苦しさを理解している。
- やりたいことをやらせてくれている。

固定観念を外せば、新しい道が拓ける。

- ピアノは両手で弾くものだと思っていた。 → ・左手だけの世界もある。

3 納得解と向き合う

必須発問②
挫折をしてしまいそうなときには、挫折とどう向き合えばあきらめないことにつながるのだろう。

　共通解をもとに、これまでの挫折の経験と照らし合わせながら、自分自身と向き合う時間を終末に設定する。
　「本当にやりたいことなら最後まで」「１つのやり方にこだわらない」「別のことをやるのは逃げることかも」といったこの時間に出てきた考えについて、「あきらめないようにするためには」「分かったけどできるのだろうか」といった自己内対話を深めさせたい。
　挫折の経験が少ない生徒には、あきらめざるを得ない苦しさを共感的に考えさせたい。

よりよい授業へのステップアップ

板書の見える化で考える内容を焦点化する

　舘野さんの復活劇には、ヤンネさんの支援が不可欠である。しかし、「思いやり」のほうに話題が進んでしまうと学習課題である「あきらめないこと」からズレてしまいかねない。
　そうかといって「思いやり」にまったくふれないのも不自然になってしまうため、思いやりとの対比から学習課題へつなげていきたい。
　板書で「考えのつながり」や、「比較すること」が見える化されると、考える内容の焦点化につながる。

戦争を取材する

主題 **真実を追い求める**

A (5)真理の探究、創造

本時のねらい

　人間は、思い込みが強く偏見や先入観にとらわれて、事物の真の姿に気付かず過ごしている場合も少なくない。中学生は、真実を確かめようとしないで簡単に信じてしまうところがある。しかし、歴史を紐解けば、真実や真理を求め続ける人々の努力が新たな発見や創造につながり、社会の進歩や発展を支えてきたことが分かる。

　本教材は、戦場ジャーナリストの山本美香さんを取り上げ、山本さんが葛藤しながらも、真実を追い求めることを選んだ生き様について書かれている。指導に当たっては、真実や真理を探求することが、自分の生涯を豊かにすることに気付かせ、生涯にわたって、真理を探求しようとする意欲を養う。

教材名
「戦争を取材する」

学習課題
自分は世の中の真実をどれくらい知っていると思うか。

全く　　　　　　　　　　とてもよく
知らない　　　　　　　　知っている

|———|———|———|

・ジャーナリスト
・戦場特派員
・2012年取材先で亡くなる

山本美香さん

本時の展開 ▷▷▷

1 学習課題を設定する

必須発問①
自分は世の中の真実をどれくらい知っていると思うか。

　中学生の段階では、自分たちが知っていることは世の中の一部であり、知らないことのほうが多いということに気が付いていない場合もある。そこで、どのくらい知っていると思うかと程度を問うことで、生徒の自己認識の実態を把握することができる。実態によっては、中心発問や必須発問への入り方を工夫することができる。

　また、生徒は授業のはじまりの自己認識と、授業終末の自己認識の差を見つめることができ、自己理解を深める一助になることも期待できる。

2 共通解を考える

中心発問
山本さんはどのような思いから、危険な戦地での取材を続けたのだろうか。

　山本さんが、ジャーナリストの仕事について悩んでいたこと、命を救う医師と比較して、自分自身の仕事に自信を失っていたことを踏まえた上で、ある現地の人の言葉で、自分自身の使命を見いだしたところを押さえたい。

　この流れを押さえることで、山本さんの真の思いに気付くことができる。生徒全員に発表の機会を設定し、多様な表現で山本さんの真の思いに迫る学習活動を展開することで、山本さんの思いへの理解をより一層深められる。

○自分の仕事について悩み、自分のしている仕事がどれほどの意味があるのか

| 医師の活躍に感動 | | 自信の喪失 |

| 自分はちっぽけな存在 |

ありがとう、ありがとう

大きな衝撃

どのような思いで取材を続けたのか

・世界中の人にこの悲惨さを伝えたい。
・知らせることで救えるかもしれない命がある。
・紛争を解決できるきっかけになるかもしれない。
・自分にできることがある。
・真実を伝えることで、平和な世界に近付くかもしれない。

共通解

・自分の世界を広げてくれる。
・当たり前だと思っていたことが当たり前ではなくなる。
・視野を広げてくれる。
・もっと知りたい、もっと学びたいという意欲につながる。
・自分自身の小ささや狭さを知ることができる。

3 納得解と向き合う

必須発問②
真実を追い求めるという行動は、あなたに何を与えてくれるのだろうか。

　山本さんの生き方から、真実を追い求めて生きるということをリアリティをもって学んだ上で、真実を追い求めることの意義を問う。一人の生き様をもとに、自己を省察することによって、生徒一人一人が、学習テーマに対して自分自身の納得解を得られると考える。

　山本さんが亡くなった後、パートナーの佐藤さんが、自分が生き残ってしまったことに苦悩し、山本さんの遺志を受け継ぐ決心をする。佐藤さんにその決心をさせたのも、山本さんの真実を追い求める強い思いだったことにも触れたい。

よりよい授業へのステップアップ

一人の人物の生き方と向き合う

　ノンフィクションがもつ力は大きい。本教材は、一人の人間の命が描かれている。補助資料も入れながら、臨場感とリアリティを大事にして、授業を展開することができれば、おのずと生徒が深い学びを獲得していくと考えられる。

　その際、授業全体の中で、どの場面で考え、議論するかについては、本時の最後に「山本美香さんの生き方をどう思うか」という問いをもってくることを提案したい。

教材名　　　　　　出典：東書

心に寄りそう

主題　思いやりの心

B(6)思いやり、感謝

本時のねらい

　中学校段階においては、単に思いやりが大切であることに気付かせるだけでなく、根本において自分も他者も、共にかけがえのない存在であることをしっかり自覚できるようにすることが大切である。

　看護師の山田さんは、患者さんに挨拶をしたつもりでいたが、実はきちんと挨拶が伝わっていなかったことを反省する。そして、患者さんに体を近付け、かがんで目線を合わせる細やかな心配りの大切さに気付く。また、仕事がうまくいかないときに、彼女の涙の跡に気付いた年輩の患者さんから、やさしい言葉をかけてもらい元気付けられるという内容である。そこで、この教材を通して、相手の立場などを考え、思いやりをもって接する態度を養いたい。

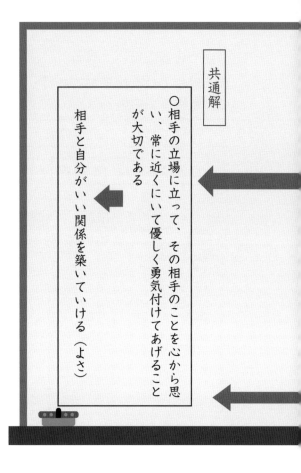

共通解

○相手の立場に立って、その相手のことを心から思い、常に近くにいて優しく勇気付けてあげることが大切である

相手と自分がいい関係を築いていける（よさ）

本時の展開 ▷▷▷

1　学習課題を設定する

必須発問①
病院の「看護師」はどのような仕事をしているのだろう。

　患者さんに寄り添っている「看護師」の写真を見せ、「看護師」の仕事について生徒が知っているかぎりのことを挙げさせる。ここでは次のような仕事が挙げられることが想定される。
・具合が悪い患者さんの面倒を診る。
・医師の補助をする。
・患者さんの心のケアをする。
・患者さんの相談相手になる。
　そこで、これらの意見をフィッシュボーンなどの思考ツールを使って整理する中で、本時の学習課題につなげるようにする。

2　共通解を導き出す

中心発問
「相手に寄りそう」とはどのようなことだろう。

　看護師に求められるのは、専門的な処置を施すことであるが、それだけでなく患者側から見た場合、いかに患者の立場を思い、心を込めて対応することでもある。そこで、ここでは「『相手の心に寄りそう』とは、どのようなことか」を、まず生徒一人一人に考えさせ、その意見をもって４名くらいのグループをつくり、円盤型のミニホワイトボードなどを使いながら議論をさせ、そこで出された意見を整理しながら生徒の言葉で共通解をまとめるようにする。

仕事内容の映像も視聴

教材名
「心に寄りそう」

学習課題
「心に寄りそう」ために大切なことは…

「看護師」の仕事について…
・具合が悪い患者さんの面倒を診る。
・医師の補助をする。
・患者さんの心のケアをする。
・患者さんの相談相手になる。

山田さんが学んだことは、相手の心に寄りそうことの大切さと言っているが、「相手に寄りそう」とはどのようなことか

・相手のことを心から考えること
・相手の立場に立って考えること
・相手の近くにいて優しく勇気付けてあげること
・常に相手が話しかけやすいように、対応してあげること（たとえば、話すときも同じ目線で話しかけるとか…）

3 納得解と向き合う

必須発問②
相手に寄りそいながら接していくためには、どのようなことに心がけたらよいと思うか。

②で導き出した共通解である「相手の立場に立って、その相手のことを心から思い、常に近くにいて優しく勇気付けてあげること」これこそが、「相手に寄りそう」ということである。そして、こうすると「相手と自分がいい関係を築いていける」というよさがある。よって相手に寄りそいながら接していくために、心がけたいことは、常に当事者意識をもって、自分事と捉えて接することが大切であるということである。このことへの理解に時間を十分取り気付かせたい。

よりよい授業へのステップアップ

よりねらいに迫るための導入時の工夫

導入時に、「看護師」の仕事について知っていることについて発問しているが、「看護師」という仕事は「人」と関わる大事な仕事であるが、生徒たちは表面的なことしか理解できていないと思われる。そこでここでは、「看護師」の仕事内容についての映像を視聴させ、さらに知人に看護師がいれば、その方に「看護師」のやり甲斐や苦悩についてインタビューをしてきて、それを学級で紹介すると、教材内容が理解しやすくなる。

教材名　　　　　出典：学研

帰郷

主題　温かい人間愛

B (6) 思いやり、感謝

本時のねらい

　中学生の段階では、単に思いやりや感謝は大切であるということだけでなく、相手の立場や気持ちに対して配慮や感謝の対象の広がりについて理解を深めることが求められる。

　本教材は、俳優になった「私」が脳卒中で母親が倒れた連絡を受けて帰郷すると、病室では子供の頃から世話になっていた老夫婦が見守り、母親が営んでいた居酒屋の常連客も見舞いに来るという町の人々の優しさに触れた。「私」は町の優しさに触れて一人東京に戻る。

　本教材では「私」の思いの変化を考え、「私」が今後どんな生き方をしていくのかを考えさせることが大切である。多くの人々の善意や支えにより、現在の自分があることに気付き、それに感謝し、応えようとする心情を育てる。

本時の展開 ▷▷▷

1 学習課題を設定する

必須発問①
教材を通して、人とのつながりを感じるのはどんなときだろう。

　はじめに「人とのつながりを感じるのは、どんなときですか」と生徒に問い、身近な事例について考えさせ、発表させる。生徒の発言内容をきっかけに教材を通して深める手立てを講じ、学習課題に即して **2** 共通解、**3** 納得解につなげていく。

　「私」の「母」「老夫婦」「同級生」とのつながり、「母」と「老夫婦」「常連客」との関係から「私」が感じ考えたことについて整理し、考える視点を明確にする。本時の学習課題に迫り、その先にある根本は何かを考えさせる。

2 共通解を考える

中心発問
来た道を引き返す中で、「私」はどんな思いでいたのだろう。

　「私」の思いと母親の思いの違いを考えさせ、この町の人々とのつながりに気付かせながら、自分自身の生き方につなげる。**3** 納得解と向き合えるようにする。行き帰りの電車での心境の変化を考えさせることで学習課題に迫る。

　補助発問で「この町がいいんだよ」と母親に言われたときの「私」がどう思ったのかを考えさせ、意見交換を小グループで行う。ワークシートに書かせることもできるが、タブレット端末を活用して自分の意見を書かせ、瞬時に全体で共有する方法も考えられる。

○この話から考えたこと

【生徒】
・母はなんで息子と暮らさないのか
・人情ある人たちが多い
・母は一人で大変な思いしてるな
・老婦人が優しい
・町が温かい雰囲気だと思う
・常連客まで見舞いに来ている
・母も研一のことを考えている

様々な人の思いを知ったときの
私が帰りの電車の中で考えたこと

・みんな思いやって生きているんだな。
・街のみんなが善意をもって生きているんだな
・互いに思いやりがあるんだな

○私、母、知り合いの思いから考える

【母】
・離れていても息子思い
私を気遣い周囲に俳優だと言わなかった母

【私（研一）】
・母のことを心配している
・老夫婦の優しさに触れる私

【知り合い】
・母と老夫婦の関係を以前から知る私
・常連客に見舞われ愛される母

自分のこととして考えよう

共通解

今日の教材を通し、「私」はどんな生き方をしていくかな。

・私は俳優という人と関わりの深い仕事をしている。自分が俳優として生かされることに感謝しなくては。
・故郷の母のように、みんなから愛される思いやりのある人間になろう。

3 納得解と向き合う

必須発問②
これからの「私」はどんな生き方をしていくだろう。

「私」に自分を重ねて考えさせる。「私」の生き方を考えさせることで、自分の今後の生き方について考えを深めさせ自我関与させる。

また補助発問として「多くの人々の善意に支えられていたと気付くようなことはないか」などと教材から離れて発問することで、自分の日常の生活を振り返らせると効果的である。

自分の考えたことを発表し合い、多様な意見を知ることで最後の授業の振り返りで学習感想を書かせることで納得解と向き合えるようにする。

よりよい授業へのステップアップ

生徒の想像力をかき立てる

本教材は原作より短くしている。それにより生徒の想像を膨らませる工夫を行うと効果的である。例えば、教材を読んだ後に登場人物の人物像を考えさせたり、母親の居酒屋がどのようなものかを想像させたり、母親とお客さんのやりとりを想像させたりすることなどがある。さらに視覚化し考えやすくする。教材に入り込み自分事として考えられるようになる。

また、自分の体験と教材をリレーションすることで自我関与させることができる。

教材名	出典：日文

挨拶は言葉の
スキンシップ

主題　心と笑顔のある挨拶

B (7)礼儀

本時のねらい

　幼い頃から、人に会ったら挨拶をしましょうと学校教育や家庭教育を通じて誰もが教えられてきている。けれども、そうしたことが習慣化され挨拶が形式的に行われてはいないだろうか。

　本教材に登場する店長は、美容師として毎日夜遅くまでカットの練習に励むも、お客様が店長の表情に恐怖を感じたことが理由で指名を受けることができないというつらい経験をする。

　挨拶を通じて受ける印象について考えることを通して、笑顔と真心が備わった挨拶が自他に与える影響に気付き、形にとらわれず自他共に気持ちのよい挨拶を実践していこうとする意欲を高める。

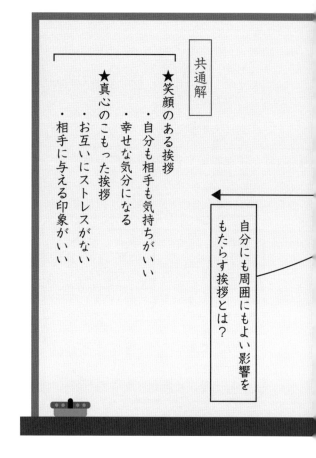

共通解

★笑顔のある挨拶
・自分も相手も気持ちがいい
・幸せな気分になる

★真心のこもった挨拶
・お互いにストレスがない
・相手に与える印象がいい

自分にも周囲にもよい影響をもたらす挨拶とは？

本時の展開　▷▷▷▷

1 学習課題を設定する

必須発問①
あなたのほうから、どのくらい挨拶をしているか。

　授業開始直後、「今朝、学校へ着くまでに何人の人と出会ったか」「そのうち何人と挨拶したか」と尋ねる。その上で、必須発問①を行い、日々の挨拶を4段階（4とても　3まぁまぁ　2あまり　1まったく）で自己を振り返らせる。

　その後、中学生の「店長さんは、どうしていつも笑顔なんですか？」との質問に対して、店長さんが「見かけだけの笑顔や挨拶じゃ、お客様に失礼なんだ」と発言した場面を取り上げ、学習課題へとつなげていく。

2 共通解を導き出す

中心発問
自分にも周囲にもよい影響をもたらす挨拶は、次の4つのうちどれだろうか。

　黒板に笑顔に溢れた人が挨拶しているイラストと笑顔のない人が挨拶しているイラストを提示し、「どちらの挨拶に好感がもてますか？」と問い、笑顔が相手や周囲に与える印象を考えさせる。その後、先のイラストに心の内面を映し出す。実は、笑顔に溢れた人は挨拶を嫌々しており、笑顔のない人は真心を込めて挨拶をしていたとしたら、どちらに好感をもてるかを再び問う。笑顔と真心を2軸に4分割した座標上で、自他によい影響を与える挨拶を個で考えさせた後に意見交流させ、共通解を導く。

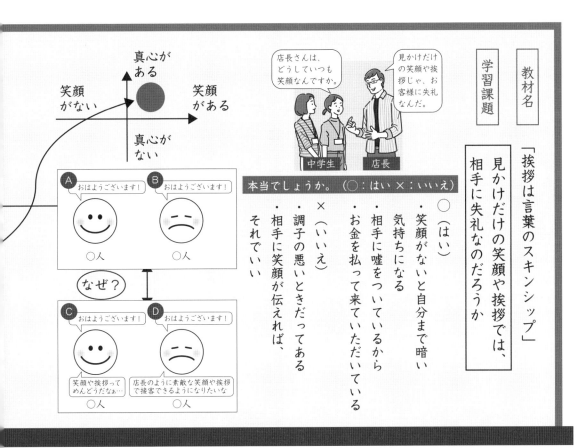

3 納得解と向き合う

必須発問②
体験活動として、挨拶を実践してみてどうだったか。

　笑顔や真心の込もった挨拶のよさを理解したところで、「学級で３人以上の人と、あなたが考える最高の挨拶を交わしてみましょう」と実践させてみる。その後、必須発問②を行う。自分自身で最高の挨拶を実践した直後、振り返らせることにより、そのときの感情を実感させることがねらいである。活動中、「これは、学級全体にぜひとも紹介したい」という挨拶があれば、教師が取り上げ、その子の挨拶のよさを学校全体に波及させたい。また、学級通信等で取り上げ、その子のよさを認め伸ばしていく。

よりよい授業へのステップアップ

世界で活躍する日本人の挨拶を紹介

　2021年マスターズで松山英樹が優勝を果たしたとき、松山のキャディを務めた早藤将太が脱帽し一礼する姿を世界が称賛した。世界を舞台に活躍する日本人が、挨拶を疎かにせず実践していることを生徒に紹介することのできるよい素材である。この素材は、TBS NEWSなどで報道されたものがインターネット上に動画としてアップされている。海外のメディアの反応も取り上げることで、愛国心を高めることも期待できる。

教材名　　　　　　　　出典：日文
ライバル

主題 よりよいライバル関係

B (8)友情、信頼

本時のねらい

　相手の成長と幸せを願いながら互いに信じ、頼り、高め合う関係を育んでいくことは大切なことである。しかし、中学生の時期は、相手に心の内をひらくことが難しく、正直でいられないことが原因で、無意図的に批判したり、妬んだりしてしまうことも少なくない。

　主人公の康夫は水泳で世界制覇を夢見ている。そんな康夫のライバルは啓介だ。二人は互いに競い合い、励まし合う仲であったのだが、康夫が急に病気になってしまう。このときから二人の関係がギクシャクしてしまう。

　啓介に対する康夫の心の変容を追いながら、友情の在り方を考えることを通して、心から信頼でき、互いに励まし合い、高め合う関係を築こうとする意欲を育む。

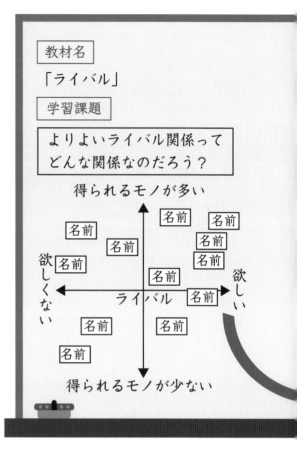

本時の展開 ▷▷▷

1 学習課題を設定する

必須発問①
ライバルにあるよい点って何だろう。
問題点って何だろう。

　はじめに、「今まで何かに取り組む際に、ライバルだと認識した人がいたかな？」と問う。多くの場合、恥ずかしさから「いない」と答えることが予想されるため、その後、「ライバルをもつことに対してどんな印象があるかな？」と問い、座標軸とネームプレートを活用して、ライバルに対する意識調査を行う。そして、ライバルがいるよさや問題点を引き出し、意見を交流する。その後、「よりよいライバル関係ってどんな関係なのかな？」と視点を整理し、本時の学習課題につなげる

2 共通解を考える

中心発問
康夫はどんな手紙を啓介に書くのだろう。

　康夫に対する啓介の後ろめたい思いと、康夫の病気を宣告されたときの脱力感の大きさを押さえ、「病室を出た後の啓介はどんなことを考えていたのかな？」と問う。康夫の元へすぐに駆けつけなかった啓介の後悔、自分の思いを分かってもらいたいという願い、または、負の感情等が出される。ここで、康夫に視点を変え、「啓介の後ろ姿を見た康夫はどんな手紙を啓介に書くのかな？」と問う。共通解を導き出すために、康夫の心情を想像しながら手紙を書かせ、その後、全体で意見を交流する。

啓介の思い

本当にすまない
もっと康夫のことを考えてあげれ
ばよかった
せっかく見舞いに行ってやったの
に！でも、次はどんな顔をして
行ったらいいのか…

康夫の思い

せっかく来てくれた啓介に申し訳
ない
俺はどうして素直になれないんだ
今の自分は本当に最低だ

共通解 啓介を心底信頼している

康夫の手紙

☆自分を高めることができる
☆困ったときに助け合える
★不幸を喜んでしまうかも
★勝ちたい気持ちが強くなり、
　よくないことをしそう

・啓介が見舞いに来てくれたこと、
　本当は嬉しかった
・啓介の存在がこれからの自分の
　支えになる
・ずっと応援し続けるから、俺の
　分も頑張って欲しい
・今後もずっと共にいてほしい

3 納得解と向き合う

必須発問②
康夫が書くであろう手紙を見て、気付いたり考え
たりしたことをまとめてみよう。

　終末に、共通解で出てきた考えを基に、今の
自分やこれからの自分を見つめさせ、「あなた
の今のライバル、また、今後出会うであろうラ
イバルに対して、どんな自分でいることが、よ
りよい関係になるといえるのかな？」と問い、
自分自身のライバルに対する心の在り方をじっ
くりと考えさせる時間を設定する。ここでは、
単に「大切にする」だけでなく、「互いを認め
合い、悩みや葛藤を共有し合う中で、よりよい
関係が育まれる」等を、自分事として考えられ
るように、十分な時間を取りたい。

よりよい授業へのステップアップ

**学びを体験に混じり合わせて語ら
せる**

　友情や信頼は、幼いころから日常的
に考え続けてきた事柄なので、単に友
情の尊さ、よりよいライバル関係を考
えさせるだけでは、表面的な学びに
なってしまう。そこで、事前に、ライ
バル心をもち、互いに高め合っている
生徒や、悩んだり葛藤したりした経験
のある生徒に、3の場面で、学びを通
して感じたことを踏まえて体験談を
語ってもらう方法もある。学びをより
身近に感じることができれば、深まり
のある共通解を期待できる。

教材名　　　　　　　出典：東書

ゴール

主題 情報モラルと友情

B(8)友情、信頼

本時のねらい

　普段から共に活動する時間の長い部活動での出来事を題材としているため、多くの生徒にとっては身近に感じられるものである。

　バスケットボール部員である登場人物5人の関係を通して、友情を培っていく中で、大切にしたいことは何かを考えさせる。「新人戦で東中に勝つ」という共通の目標はもちつつも、それぞれが悩みや葛藤を抱え、思いがバラバラになってしまう。それでも、話し合いやメッセージアプリで互いの意見交流をすることを通して分かち合い、友情の尊さについて理解していく。友情とは、互いの信頼や相手への敬愛の念があって深めていけるものである。これらを育てていくために、自分自身は何を大切にして生きていきたいのかを考えさせたい。

教材名
「ゴール」

学習課題

友情を培っていく中で、大切にしたいことは何か。

・コミュニケーション
・信頼関係
・思ったことを言う

↕

・3人のグループ
・リカと樹里を仲間外れに
・みんなバラバラ

本時の展開 ▷▷▷

1 学習課題を設定する

必須発問①
友情を培っていく中で、大切にしたいことは何か。

　教科書の本文を範読する前に一度問い、課題への意識付けをする。友情は、いわゆる仲のよい友達・親友だけでなく、部活動や学級活動等でも考えられるものであることを確認する。範読後は、情報モラルとの関連を意識しつつ展開したい。対面であれメッセージアプリであれ、友情を育てるという点においては誰もが人任せであった。また、特に3人のグループでの会話では、適切ではないメッセージ交換を行っていた。正しいSNSでのやりとりとは何かについて触れることもできる。

2 共通解を導き出す

中心発問
リカの弟のことを聞いて、他の4人はそれぞれどのようなことを考えていたのだろうか。

　登場人物が多いため、必要に応じて教師が内容の整理をしながら進める。4人の中でも、キャプテンの美希については心情の変化を追いやすい。強い責任感のゆえに行動した美希一人だけを一方的に批判するのではなく、他の3人の道徳的な問題点についても確認したい。一とおり考えた後、4人に対するリカの思いについても交流する時間をもちたい。その上で共通の目標である「新人戦で東中に勝つ」ために、5人が大切にしていかなければいけないことについて考える流れへと移したい。

リカの弟のことを聞いて、他の4人はそれぞれどのようなことを考えていたのだろう。

美希
・ひどいことをしてしまった
・キャプテンとして情けない
・チームを一つにしたい

はな
・つい、美希の言うことにのってしまった
・チームのために自分のできることを探したい

優
・リカに申し訳ない
・樹里にも強く当たってしまった
・人のせいはよくなかった

樹里
・リカに事情を聞けばよかった
・弟が無事で安心

リカ
・みんなにもっと早く伝えたらよかった
・シュートで貢献したい

5人の友情の「ゴール」は？

共通解
・みんなで悩みや困難を乗り越える
・ぶつかり合い、行き違いも含めての友情
・高め合おうとする気持ちを大切にする

3 納得解と向き合う

必須発問②
この5人にとっての友情の「ゴール」は何だろうか。

5人にとって、友情を培っていく中で大切にしたいことは何かを明らかにする発問である。意見のぶつかり合い、感情の行き違い、それぞれの悩みや葛藤を共に乗り越えていくことで、真の友情は培われていく。さらに自らの生き方へと発展させるためには、たとえば「今回のような困難にあったとき、仲間とどのようにして乗り越えたいか」などと問い返すことも有効である。互いの幸せを願い相手を尊重することで、その友情はゆるぎないものとなり、自らの人生をより豊かなものとしていく。

よりよい授業へのステップアップ

系統立てた発問を心がける

この内容項目は、各学年で複数時間扱われていることが多い。しかしそれぞれの教材に応じて、考えさせたいポイントは異なっている。

「どうしたらよりよい友達関係を築けるか」「友情とは何か」「友情を深めることのよさは何か」など様々であるが、毎回同じ発問にならないよう、学校の教師が一丸となって年間指導計画の整備・改善を行いたい。また、情報モラルや現代的な課題との関連がある教材であれば、どの場面で触れるのかも併せて検討したい。

教材名　　　　　　出典：東書

遠足で学んだこと

主題　違いを認め合う

B (9)相互理解、寛容

本時のねらい

　人間関係において、気の合う人や、話題が合う人とのコミュニケーションは心地がよいものである。しかし、実際の社会では、必ずしも自分と気が合う人ばかりではない。中学生の時期は、ものの見方や考え方が確立するとともに、自分の考えに固執する傾向がある。

　この教材は、遠足で時間を守りたい主人公と植物の解説をしながらゆっくり歩きたい吉川くんの話である。異なる価値観の狭間で、もやもやしてしまう主人公が、吉川くんとのぶつかり合いで大切なことに気付く。

　主人公と吉川くんだけではなく、周りの人の思いについても考えさせながら、人それぞれ違う思いがあることに気付かせ、互いの違いを認めた上で、他者から学ぶ謙虚な姿勢を養う。

教材名
「遠足で学んだこと」

学習課題
それぞれの違いを認め合うというのはどういうことなのだろう。

自分が「楽しい」と思う人
・気が合う　・話が合う
・優しい　　・明るい

↓

みんながそういう人ではない

「違いを認め合う」

本時の展開 ▷▷▷

1 学習課題を設定する

必須発問①
自分が一緒にいて楽しいと思う人はどんな人だろうか。

　必須発問①から「楽しい」の基準は人それぞれであるため、自分の基準で様々な意見が出ることが予想される。多様な意見を受け止めた上で、「それが嫌な人もいるよね」と問い返すことで、自分と気の合う友人だけの小さなコミュニティではうまくいくことも、集団の中ではうまくいかないことがあることに気付かせたい。集団では様々な個性をもつ人と関わり合っていかなければならないことから、「違いを認め合う」というキーワードをもとに、学習課題を設定する。

2 共通解を考える

中心発問
「みんなちがってみんないい」という言葉を聞いてぼくが気付いたことは何だろう。

　「時間や決まりを守りたい」という思いと、「みんなで楽しみたい」という思いについて考える。このとき、単に二項対立にならないよう、時間を気にしながらも、ペースを合わせる主人公や、時間を気にしながらも、楽しませようとする吉川くんの微妙な立場についても触れていく。多面的・多角的な話し合いができるよう、補助発問や役割演技を通して考えさせる。議論を通じて広がった視点から、共通解が生まれるように、「なぜ主人公は最後に謝ったのだろう」という問いかけをし中心発問につなげる。

坂巻くん

・早くゴールしたい。
・時間がない。

・ゆっくり歩きたい。
・せっかくだからいろいろ知りたい。
・なんで先に行っちゃうの…

女子

ぼく　　　　吉川くん

・班がバラバラになってしまう。
・遅いなあ…
・吉川くんって植物に
　詳しいんだな

・植物のことを知ってほしい。
・楽しいな。
・時間は大丈夫かな。

共通解

掲示物
「私と小鳥と鈴と」（全文）
金子みすゞ

「みんな違ってみんないい」

・相手のことを理解していなかったな。
・違うってあたりまえなんだな。
・みんなよさがあるんだな。
・吉川くんも友達を思っていたんだな。

3 納得解と向き合う

必須発問②
違いを認め合って生活していくことに対して自分が考える大切なことは何だろう。

金子みすゞの「私と小鳥と鈴と」を紹介し、「価値観や趣味が違う人と楽しむにはどんなことが大切だろう」と問いかける。その上で、必須発問②につなげて一人一人の納得解と向き合えるようにする。「お互いを理解することが大切」といった価値理解について記述する生徒や、「相手を理解して自分が思ったことは相手に伝えることが大切」といった他の価値と結び付ける生徒がいることが予想される。いずれも肯定的に受け止めた上で、それぞれの答えに辿り着いた喜びを分かち合いたい。

よりよい授業へのステップアップ

教材の一場面を疑似体験

　様々な登場人物の立場になって考える場面や、「時間を守る」「みんなで楽しみたい」という視点で考えさせる。様々な価値観があり、そのままでは収束することはないと考えられるが、それによって主人公と吉川くんの言い合いを疑似体験することができる。

　交わらない両者の言い分を通して、集団の中で生活していくには個の主張だけではなく、お互いに理解し合い、歩調を合わせていくことの大切さと難しさについて考えられるようにすることで、納得解につなぐことができる。

コトコの涙

主題 わかり合うこと

B⑼相互理解、寛容

本時のねらい

人それぞれが考えていることや価値観は違うもの。自分自身はいいと思ったことも、相手は嫌だったりすることは日常生活でよく起きることである。

ボランティア活動で老人ホームに通うコトコ。そのボランティア先で、高齢者と接する態度をマサシに批判されて戸惑うが、園長と話し合い、その真意を理解する。

主人公コトコと同級生のマサシの行動を通して人それぞれの考え方を理解し、自分の考えを伝え、分かり合い、他者に学ぼうとする謙虚な態度を育てる。

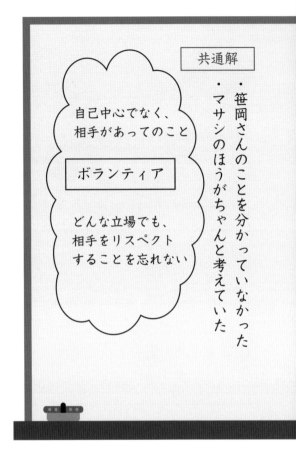

共通解

・笹岡さんのことを分かっていなかった
・マサシのほうがちゃんと考えていた

自己中心でなく、相手があってのこと

ボランティア

どんな立場でも、相手をリスペクトすることを忘れない

本時の展開 ▷▷▷

1 学習課題を設定する

必須発問①
世の中には様々なボランティアがあるが、ボランティアをするときに大切なことは何だろうか。

学校生活の中でも、募金や奉仕活動といったボランティア活動があるが、まずはボランティアに対するそれぞれの考えを明らかにする。

「相手を大切にする」「相手のためになることをする」といった言葉のほかに、「相手を見守る」「相手が求めるまで待つ」といった言葉が出てきたときに、生徒に具体的に聞きながら、それぞれが考えるボランティアについて考えさせる。

2 共通解を導き出す

中心発問
コトコの涙が止まらなかったのはなぜだろうか。

コトコがなぜ涙を流したのかを考えさせ、「マサシに言われて悔しかったから」「自分のやっていたことが間違っていたのかもしれない」とった考えをもたせ、そのあとに、もう一歩「なぜ彼女は涙が止まらなかったのか」について考えさせる。

マサシの口にした言葉には、「相手の立場や一人の大人として敬うことを忘れるな」という強いメッセージが込められていることに気付いたコトコの気持ちをつかませる。

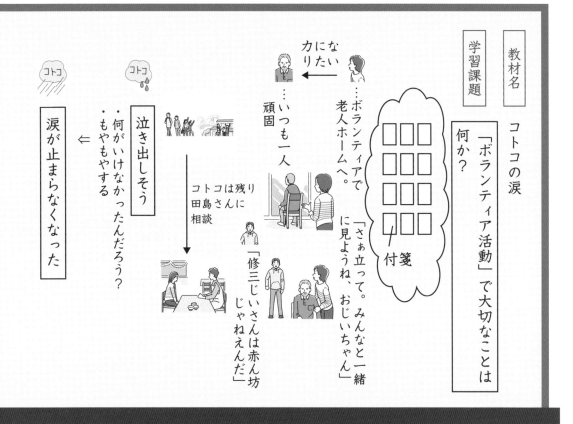

3 納得解と向き合う

必須発問②
コトコはさっぱりとした顔をして、どんなことを考えたのだろうか。

中心発問で涙を流したコトコが、さっぱりした顔に変わったときにどんなことを考えていたのかを感じ取らせたい。
「コトコ自身が分かっていなかったことに気付くことができて、前向きになることができた」ということや、「いつもはお調子者のマサシのいいところが分かった」といった、マサシの行動から学ぶことができたことを感じ取らせたい。

よりよい授業へのステップアップ

学習課題を深める

学習課題で「『ボランティア』活動で大切なことは何か？」について考えたことを基に、教材やクラスメイトの考えから感じたことをまとめる。
最初の考えから変容があった生徒、他者の考えから学んだ生徒についての言葉について触れていく。ボランティア活動を通して、「相手の立場を考える」というのは、自己満足ではなく、相手を尊重することを忘れてはならないことに気付かせたい。

「いいね」のために？

主題 正しい判断とは

C⑽遵法精神、公徳心

本時のねらい

情報社会の急速な進展に伴い、生徒たちを取り巻く情報社会の影の部分がさらに大きな問題となっている。また、積極的に情報社会に参画する中で、情報を生かすときの法やきまりの遵守に伴う問題もある。

拡散してほしい動画を見付けたAさんとBさんがSNSにアップロードし、「いいね（共感）」をたくさん得た。さらに「いいね」を得るために、Aさんは他者の著作権を侵害する動画をアップロードしようとする。

Aさんの行動から著作権の侵害等にならずに正しく情報を扱うことができるかを考えさせる。そして、Aさんの行動に対して多様な視点から法や決まりについて考えることで、法を守り義務を果たそうとする態度を育てる。

教材名
「『いいね』のために？」

学習課題
スマホやPCの使い方で気を付けなければならないことは何だろう？

問題ないでしょ。／だってこの人だってすでにアップしているわけだし。／え〜

Aさん

「いいね」がほしくて無断で動画を投稿【著作権侵害】

＜なぜ動画をアップしたの？＞
・他の人もアップしているから。
・クラスのみんなが楽しみにしているから。

本時の展開 ▷▷▷

1 学習課題を設定する

必須発問①
Aさんはなぜ著作権を侵害してしまう動画をアップしたのだろうか。

まずは「いいね」の評価をもらったら嬉しいかどうかを聞く。多くの生徒が共感してもらえることを肯定的に受け止める。その後、漫画の部分（162-163頁）を読み、Aさんが「いいね」がほしいために無断で動画を投稿したことが問題（著作権侵害）であることを確認する。そこから、「Aさんはなぜそのような行動をしてしまったのか」の疑問を引き出し、意見を交流する。「他の人もアップしているから」「クラスのみんなが楽しみにしているから」の意見から本時の学習課題に設定する。

2 共通解を導き出す

中心発問
どうすればAさんはトラブルを回避することができたのだろう。

著作権はどのような権利なのか、それを無断で使用した場合はどうなるのかを説明した後、漫画の続きを予想させる。動画を視聴した人、無断で使用したことを知っているBさん、漫画の作者、Aさんの家族など様々な視点から考えさせる。特に自分本位の判断で多くの人に迷惑をかけることに気付かせる。

さらに「どうすればトラブルを回避できたのか？」と問う中で「ルールを守る大切さ」を考えさせる。小グループで話し合いをした後に、全体で意見を交流し、共通解を導く。

このあとAさんは…

グループで考えた漫画の続き①	グループで考えた漫画の続き②
グループで考えた漫画の続き③	グループで考えた漫画の続き④
グループで考えた漫画の続き⑤	グループで考えた漫画の続き⑥

Bさん
何であのときに強く止めなかったのか後悔する

漫画の作者
勝手にネットにアップしている！許さない！！

動画の視聴者
「これ、おもしろい！」けど、大丈夫なのかな…

＜どうすれば回避できたの？＞
・著作権についてもっと知っておくべき。
・著作権法を守ればよかった。
・自分のその行動で周りの人がどうなるかを考える。

共通解
ルールを正しく知る。
ルールを守る＝自分と周囲の幸せを守る

主として集団や社会との関わりに関すること

3 納得解と向き合う

必須発問②
自分のスマホやPCの使い方を振り返り、気付いたり考えたりしたことをまとめよう。

　終末では、ルールを守る大切さを踏まえ、どのようなことを意識しながらスマホやPCを使用してきたのかを振り返る時間を設定する。「スマホ等と健康・学習」だけではなく、「ルールを守ることは自分や周囲の幸せも守る」の視点について自分自身と向き合わせたい。「ルールを守って使用していきたい」のままではトラブルに巻き込まれる可能性があるということを、自分事と捉えさせる。また、いくつかのネットトラブルの事例を紹介することで、さらに自分事と捉えることができるようになる。

よりよい授業へのステップアップ

著作権クイズでルールを正しく知る

　著作権（ルール）の理解に曖昧さがあると、終末の振り返りが甘くなる。著作権についてよく理解することで、振り返りがより深くなる。そこで、著作権に関する事例を基にした○×クイズを出題する。タブレット端末を活用することで、まるでクイズ番組のように映し出すことができ、生徒のドキドキ感も高まる。また、Aさんの事例も出題することで、内容項目への事前調査ができ、授業後の変容も見取ることが可能となる。

違反摘発

主題　きまりは何のために

C ⑽遵法精神、公徳心

本時のねらい

　自分の都合できまりを安易に破ってしまう場合がある。さらには、それをとがめられると文句を言う場合がある。それは「何のためにそのきまりがあるのか」という理由を考えずに、自分の権利ばかりを主張するからである。

　川瀬さんは、父の臨終に間に合わなかった不満から違反摘発について新聞投稿を行った。その投稿に対して、同じような場面で逆に事故を起こした人もいるという投稿が寄せられる。

　2つの新聞投稿をもとにロールプレイを行うことで、何のためにきまりがあるのかを改めて考え、きまりが作られた背景に思いを巡らせることが、自分からきまりを守ろうとする気持ちにつながることを理解し、まだ見ぬ誰かの権利を守ろうとする道徳的な態度を育てる。

教材名
「違反摘発」

学習課題
きまりを破ることは仕方がないことなのか？

ダメだと分かっているのに…
・ギリギリの状態なら仕方ない
・命に関わることだったらそのきまりに意味はない

ルールを知らなかった
・ルールを知ればいい

本時の展開 ▷▷▷

1 学習課題を設定する

必須発問①
ダメだと分かっているのに、どうしてきまりを破ってしまうのだろう。

　きまりを破ってしまった経験やその状況について事前にアンケートを取り、その結果をグラフ等で表し、それをもとにして意見を交流させる。交流の中で、必須発問①を投げかけることで、「分からないから破ってしまう」のではなく、「分かっているのに破ってしまう」という道徳的問題を明確に場合分けする。

　ダメだと分かっているのにやってしまうことについて、さらに意見を交流させて、正当化する理由をたくさん引き出し、学習課題につなげていく。

2 共通解を考える

中心発問
2つの投稿から、「私」の中に生まれたのはどんな考えだろう。

　2つの投稿を読み、学習課題でもある「きまりを破ることは仕方ないことなのか？」と問い直し、ロールプレイの演者を3人前方に連れてくる。心理劇の二重自我法を応用して、天使と悪魔のように真ん中の「私」（川瀬さん役）に交互にささやきかける。

　両者の意見を聞いている「私」に適宜インタビューをしていく。教室で観ていた側の生徒にささやかれていたときの表情などを聞いた後で、中心発問を投げかけて「私」の中に生まれた考えについて共通解を探っていく。

- お父さんとの思い出大事だよね。

- 事故は起こさなかったよね。

- 運がよかったらお父さんの臨終に間に合ったよね。

- 事故を起こしてたらお父さんも悲しむよ。

- 今回は運がよかっただけだよ。

- あせっていて、まわりが見えにくくなってたはずだよ。

「私」の中に生まれた考え

- 両方とも分かるけど、モヤモヤする。
- 最初は左の考えしかなかったけど、きまりの大切さが分かったかも。
- 自分の都合だけしか考えていなかったかも。

共通解

- 自分の権利ばかりを主張していると、きまりの意味を感じなくなって破りがち
- きまりがある意味をきちんと理解しようとするのが大事

3 納得解と向き合う

必須発問②
「私」はこれから、きまりに対してどんな向き合い方をするのだろう。

あえて教材から離れずに「私」のまま考えさせることは、自分自身を「私」に投影して語ることにつながり、深い考えを引き出しやすい。

共通解を分かっていなかった「私」と、今日の授業で学んだことを理解した「私」とでは、きまりとの向き合い方にどんな違いが生まれるのかを考えさせたい。

自分の席に戻しているが、「私」を演じた生徒にどう考えるかを聞いてみることもできる。演じたことで、深く自我関与をしているので、両方の立場を理解した発言を期待できる。

よりよい授業へのステップアップ

演じている側よりも観ている側を大事にしよう

頭の中でだけ考えているよりも、ロールプレイなどを取り入れたほうが実感的な理解を得られやすい。観客の客観的な意見を聞いて、演者は自分の演じた意味を感じられる（メタ認知できる）ようになるため、観客に「表情」や「言い方」などを視点にして、演じた内容について共有する活動が重要になる。その後で演じてみて考えたことについて、じっくり語らせたい。
※演技の評価を話題にしない！安心して役に入れる雰囲気づくりを！

教材名	出典：光村

明日、みんなで着よう

主題 公平な社会の実現

C (11)公正、公平、社会正義

本時のねらい

　よりよい社会を実現するには、正義と公正さを重んじる精神が不可欠であり、物事の是非を見極めて、誰に対しても公平に接しようとすることが必要である。中学生の段階では、自己中心的な考え方や偏った見方をしてしまい、他者に対して不公平な態度をとる場合もある。

　本教材は、学校にピンクのシャツを着てきた生徒がからかわれ、耐えきれずに帰宅した事実を知った生徒たちが、いじめをなくすために行動し、その行動が周囲にも広まり、さらに、現在も世界中に影響を与えるプロジェクトになったことについて書かれている。教材を通して、生徒一人一人がいじめの問題を自分事として捉え、公平な社会の実現に積極的に努めようとする意欲を養う。

```
教材名
「明日、みんなで着よう」
学習課題
誰に対しても公平に接するた
めに、大切なことは何だろう。

・差別をしないこと。

・一人一人の違いを認めること。

・相手のことを受け入れること。

・誰に対しても、同じような
　態度で関わること。
```

本時の展開 ▷▷▷

1 学習課題を設定する

必須発問①
誰に対しても公平に接するために、大切なことは何だろう。

　中学2年生でも、公正という言葉の意味を理解していない生徒がある程度いるのが現状である。そこで、全ての生徒にとって分かりやすい説明をする必要がある。公正、公平、平等は同じような意味で使われることが多いが、厳密には異なるとされている。公平は偏ることなく、すべてのものや人を同じように扱うことである。そのことを説明した上で、誰に対しても公平に接するときに、大切なことは何かを考えることが、本時を貫くテーマの意識付けになると考える。

2 共通解を考える

中心発問
なぜ、次の日学校がピンク色に染まったのだろう。

　学校がピンク色に染まったのは、いじめを許さないというトラヴィスとデイヴィッドの行動がきっかけで、それに賛同する人たちが、彼らの想像以上にたくさんいたからこそ、学校がピンク色に染まるまでになったことに気付かせたい。

　また、賛同した人たちの思いも一様ではない。それぞれの思いを多角的に考え、議論できるように、グループでの話し合い活動をした上で、全体討議に入る方法が有効だと思われる。

しつこいからかい

⬇

耐えきれず帰宅

「いじめなんて、もううんざりだ」

⬇

・ピンクのシャツなど75枚購入
・メール、掲示板で呼びかけ

⬇

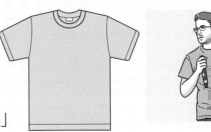

世界中で、
ピンクシャツデーの広がり

共通解

・トラヴィスたちが、みんなに呼びかけたから。
・トラヴィスたちの訴えに共感した人たちがいたから。
・自分もいじめられた子のために何かをやりたいと思っている人がいたから。
・もともと学校からいじめをなくしたいと思っている人がいたから。

3 納得解と向き合う

必須発問②
あなたが、この学校にいたら、どのような行動をするだろう。

いじめをテーマにした授業では、本音で議論することが難しく、当たり障りのない授業になりがちである。その背景として、いじめがダメなことも、傍観者はよくないことも、生徒たちは知っているからだ。つまり、いじめ問題は、生徒の理性と感情がせめぎ合うテーマである。

そこで、実際に自分がその場にいたら、どのような行動をしたかを想像することで、自分自身の理性と感情の揺らぎと向き合う場を設定したい。その葛藤の中から、納得解を見付けることができてこそ、本物の解だと考える。

よりよい授業へのステップアップ

生徒のマインドセットを変える！

❷の場面で、トラヴィスたちの行動だけではなく、それが他の生徒に広まったことに注目させたい。

いじめは、被害者、加害者、観衆、傍観者の構図がある。多くの教材では、傍観者が何もできない様子が描かれているが、この教材では、傍観者が行動を起こし、反対運動に加わる内容である。傍観者が正義感をもって行動すれば、周囲を変えられるということに気付かせることができる教材である。生徒のマインドセットを引き起こす授業を目指したい。

私のせいじゃない

主題 正義の実現を目指して

C (11)公正、公平、社会正義

本時のねらい

　中学生の段階においても、自己中心的な考えや偏った見方をしてしまい、他者に対して不公平な態度をとってしまう場合がある。そこで、偏見や差別を許すことなく、公正・公平に正義感をもって生きることの大切さを深く考えさせたい。

　クラスで一人の男の子を、14人の子供がひとりずつ証言していく展開となっている。この中で誰もが他の子やこの男の子本人のせいにして、自分には関係ないように振る舞っている。そして最後にもう一度「わたしのせいじゃない？」と問いかけている。そこでこの教材を通して、誰に対しても差別や偏見をもつことなく、公正・公平に接しようとする態度を養いたい。

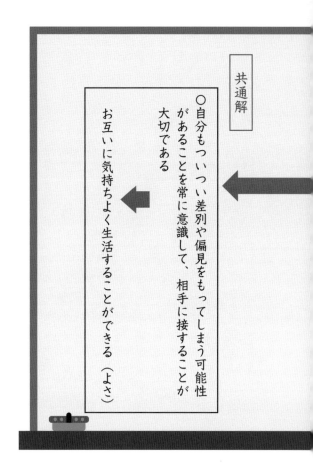

共通解

○自分もついつい差別や偏見をもってしまう可能性があることを常に意識して、相手に接することが大切である

お互いに気持ちよく生活することができる（よさ）

本時の展開 ▷▷▷

1 学習課題を設定する

必須発問①
教材を読んで、何が問題なのかを考えよう。

　今日の授業は、「いじめ」について考えていきたい旨を生徒たちに伝えるとともに、本時の教材「私のせいじゃない」を教師が範読する。そして、これを聞いてどう思ったのか、まず個人で考えさせた後、ペアトークで話しやすい雰囲気をつくり、その後、自由に発言させる。生徒からは次のような意見が出ると予想される。

・いじめを止められなくても、できることがあったのではないか。

・男の子のせいにするなんて許せない、など。

　ここでの意見を踏まえ学習課題を設定する。

2 共通解を導き出す

中心発問
誰に対しても公正・公平な態度で接するためには、どんな考えが大切だろうか。

　ここでは、14人の子供たちの主張を、一人一人分類・整理し、それぞれの主張にどんな違いがあるのかを考えさせたい。その中で、いじめというのは、いろいろな要因がからんではくるが、人のせいにしがちであることや、「少しくらいなら」という気持ちを誰もがもちやすいことに気付かせたい。そして、もし自分が15人目のクラスメートだとしたらどうするかや、このクラスのメンバーになりたいかなどを問いつつ、ここで出された意見などをうまく整理する中で共通解を導き出したい。

教材名　「私のせいじゃない」

学習課題　誰もが安心して生活するために大切なことは？

教材を読んで、気になるところ
・男の子のせいにするなんて許せない
・いじめを止められなくても、できることがあったのではないか

14人の子供の主張を分類・整理
・大勢でたたいた。
・はじめたのは私じゃない（傍観者）
・はじまったときのことを、見ていない（傍観者）
・ぼくはほんの少し（加害者）
……

誰に対しても公正・公平な態度で接するためには、どんな考えが大切だろうか。

・人は差別や偏見をもちやすいということを意識して公正、公平に接することが大切
・「少しくらいなら」という気持ちは誰でももっていることを受け止め、公平に接することが大事

C　主として集団や社会との関わりに関すること

③ 納得解と向き合う

必須発問②
今の自分は、差別や偏見をもちやすいことを意識して生活しているだろうか。

②で共有した「自分もついつい差別や偏見をもってしまう可能性が高いことを常に意識して、相手に接することが大切である。こうすると、お互いに気持ちよく生活することができる」を基準にして、今の自分は、こういう見方・考え方・感じ方で生活をしているだろうかについて十分に時間を取り、個々人で振り返らせる。その後、クラスの中で相互指名を通して、個々人の納得解がさらに深められるようにしたい。

よりよい授業へのステップアップ

心に残る終末の工夫

授業の終末で、この教材では「みんなが『私のせいじゃない』と言っているが、このままだとどうなるか」と問いつつ、教材の一番最後の場面「泣いている男の子対おおくの子どもたち」で、「この男の子が泣き止むような言葉かけをするとしたら、あなたなら、どんな言葉をかけるか。またなぜ、その言葉をかけるのかその理由を聞かせてほしい」と発問して、答えさせてもよいと考える。こう問うことで、本時でねらっている道徳的価値についてより深く考えることとなる。

教材名 　　　　出典：日文

行動する建築家－坂茂

主題 意義ある働き方

C⑿社会参画、公共の精神

本時のねらい

　本指導内容は「勤労」と相まって、共同生活を営む人々の集団である社会の一員として、様々な計画に積極的に関わろうとするものである。中学生の段階では体の不自由な人をいたわろうとする行動をしたり、地域の清掃活動に参加したり、社会福祉施設でのボランティア活動を通して、他者と協力しながら社会を築こうとする意欲の高い生徒が多くなってくる。

　坂さんが建築家として評価されながらも心が晴れなかった部分に焦点を当て、建築家として社会に役立つことはないかを考えた経緯に着目して学習課題に迫る必要がある。社会参画や公共の精神の本質に迫る。社会参画の意識を高め、公共の精神をもってよりよい社会の実現のために貢献しようとする態度を育む。

教材名
「行動する建築家-坂茂」
学習課題
社会のためにできることは何だろう

瓦礫を処理する自衛隊　避難所の様子
東日本大震災　避難所生活者48,000人

○10年前の様子、みんなが3、4歳の頃の出来事
もし、この場にいたら何を望んだろう？
＊自衛隊以外にもボランティアが話題になった
＊避難所は雑魚寝のような状態でプライバシーも保たれない。
【生徒】
・小さいから一人じゃ何もできない
・助けが必要
・不安が大きい

本時の展開 ▷▷▷

1 学習課題を設定する

必須発問①
10年前に東日本大震災を経験したら、どんな思いをしていたろう。

　はじめに東日本大震災時の避難所の様子（写真）、避難所生活者数のグラフまたは当時の報道等の動画を示し、どのような状況だったのかを実感させる。東日本大震災発生時、生徒は3歳くらいである。そのときにもし被災していたらという観点から考えさせる。

　当時のことを想像させ、当事者同士やボランティアがどのような働きかけをしながら復興に向けて取り組んでいたかについて、価値への導入を図りながら整理し、**2 3**を深める手立てとする。

2 共通解を考える

中心発問
坂さんが、建築家として広く社会に役立ちたいという思いに駆り立てられた原動力は何だろう。

　坂さんは建築家として評価が高まり、このまま建築家としての仕事を全うすることもできたが、ルワンダの難民のためのシェルターづくりにはじまり、大震災で避難を余儀なくされた人々のために、建築家の立場から、ほとんどボランティア活動として支援に携わった。

　坂さんを駆り立てた思いについて考えさせることが大切である。「内容項目C⒀勤労」とも大きく関わっている。自分の幸福を追求する以上に社会の中での役割をより果たしたいという側面から社会連帯の自覚に迫る。

テーマ　坂さんの生き方を通して社会との関わりについて考える

中学生時代 ・建築に興味をもつ ・建築家を目指す	・アメリカへ留学 ・若手建築家として評価されてくる	・ルワンダのシェルターづくり ・避難所づくり

自分の夢を実現。若手として評価されているのに…

どこか心が晴れない

駆り立てたものは？

○自分のやりたいことができ、順調に仕事をしていた。避難所づくりを決意する坂さんを駆り立てたものについて考えよう

【生徒】
・自分の生き方をもっと高めたいと思った
・建築家の仕事をもっと社会に役立てたいと思った
・自分の夢を実現でき、今以上にできないことがないかを考えた
・働くことを更に社会に役立てたいと思った
・世の中のためになりたいと思った

共通解

★今日の教材を通して、あなたが考えた社会貢献とは？

・育った地域を大切に思えることと同じように、日本、世界に視野を広げて自分が社会に関わることを探すことが大切だと思う

＊自分の体験と重ねて考えよう

C　主として集団や社会との関わりに関すること

3　納得解と向き合う

必須発問②
あなたにとっての社会貢献とはどんなことか、今日の授業を通して考えよう。

　終末では、学習課題に戻って考えさせる。「建築家としての評価を得て働くことに生きがいをもっていた坂さんが、それ以上に求めていたことは何か」少人数で話し合わせる。
　板書を手がかりとして、働くことが自分の幸福につながること、社会の中で自分の役割を果たすことで充実感を得られること、ボランティア活動を通して社会に貢献することが連帯意識につながることなどを感じ取らせながら学習感想を書かせることで、納得解と向き合えるようにする。

よりよい授業へのステップアップ

構造的な板書で考えを深める

　本授業は内容項目C⑿社会参画、公共の精神であるC⒀勤労とも切り離すことができない。そこで、本授業では坂さんが建築家として評価され、働く意義や尊さに対して喜びや生きがいを感じながらも、それ以上に自分の職業を生かしボランティア活動を通して社会貢献をすることに価値を見いだしていることに生徒の目を向かせたい。そこで、坂さんの生き方を構造的に板書することで、社会参画や公共の精神について深く考えられるようにする。

教材名	出典：日文

門掃き

主題 京の人々の心をカタチに

C ⑿社会参画、公共の精神

本時のねらい

　我が国には、長い歴史を通じて培われてきた様々な伝統や文化がある。本教材では、門掃きが取り扱われている。門掃きとは、京都で今なお受け継がれているしきたりである。門掃きが、時代を超えて現在に至るまでに伝承されてきたのには理由がある。一方で、伝統や文化が今の時代とは調和しないということもある。

　門掃きのよさと問題点について考えることを通して、門掃きが引き継がれる背景について推察させ、門掃きのしきたりを今なお大切にする京の人々の心を自らの生活の一部にも取り入れ実践しようとする意欲を高める。

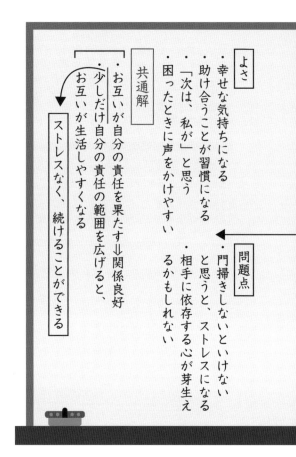

よさ
・幸せな気持ちになる
・助け合うことが習慣になる
・「次は、私が」と思う
・困ったときに声をかけやすい

共通解
・お互いが自分の責任を果たす⇒関係良好
・少しだけ自分の責任の範囲を広げると、お互いが生活しやすくなる
↓
ストレスなく、続けることができる

問題点
・門掃きしないといけないと思うと、ストレスになる
・相手に依存する心が芽生えるかもしれない

本時の展開 ▷▷▷

1 学習課題を設定する

必須発問①
あなたなら、A、B、Cどこまで掃くか。それは、なぜか。

　教科書の挿絵を提示後、生徒たちに気付きを問う。家の前を掃除している少年とおばさんの姿に気付くであろう。そこで、次の挿絵を提示する。上空から路面を3分割した挿絵である。これらにA、B、Cと明記し、「自分ならどこまで掃くか。それは、なぜか」と問う。それぞれの立場を明示し、理由を記述する。生徒たちの意見を受け止めた後、門掃きの説明を行う。門掃きのしきたりでは、Cまで掃くこととなる。なぜCなのか問題意識をもたせ、本時の学習課題を設定した後に教科書へと入る。

2 共通解を導き出す

中心発問
今もなお、「門掃き」の文化が引き継がれる背景には、どんな理由があるのだろうか。

　「門掃き」のよさと問題点について話し合う。まず、個で考えを記述させた後、小グループに分かれて、意見を交流させる。その後、グループの意見を発表させ、全体で共有する。このとき、よさや問題点のどちらか一方の意見しか出ない場合は、教師のほうからゆさぶりをかけたい。例えば、「隣りの家の住民がどんな人でも、門掃きをするか」「門掃きのしきたりがなくなると、どんな心が失われていくだろうか」などと問う。そうすることで、新たな視点で門掃きについて捉え直すことが期待できる。

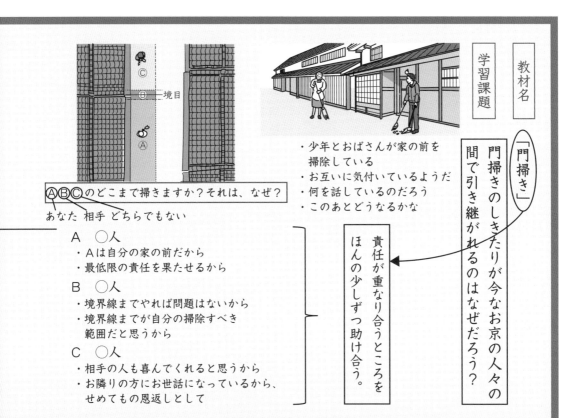

3 納得解と向き合う

必須発問②
「門掃き」の心をあなたの生活に取り入れるとしたら、それは具体的にどんな場面だろうか。

　それぞれが責任をもち、お互いの責任が重なり合うところをほんの少しずつ助け合う。こうしたことは、日常生活の中でいくらでもある。例えば、学校の清掃をとってみれば、門掃きの心は廊下の清掃に応用可能である。家庭でゴミ出しをする際、ゴミにネットをかけカラスがゴミを荒らさないようにすることは、ゴミ収拾業者の方がゴミを引き取る部分と私たちがゴミを引き渡す部分のちょうど重なり合うところと言えるのではないだろうか。自分の生活と他者との接続を具体的な場面で考えさせたい。

よりよい授業へのステップアップ

門掃きの問題点をあえて示す

　京都市情報館の公式ページでは、「門掃きの負担が大きいので、沿道住民以外の市民も落ち葉清掃してほしい」といった投稿が寄せられている。こうした事実の背後に、「門掃き」のしきたりと共に暮らす住民の本音が隠れている。一方、「門掃き」が今なお京の人々の間でしきたりとして受け継がれるのには、相応の理由がある。「今もなお、門掃きの文化が引き継がれる背景にはどのような理由があるのだろう」と問うことで、京の人々の心により一層迫ることができる。

小さな工場の大きな仕事

主題　働くことの意義

C ⑬勤労

本時のねらい

　働くことには、自分の人生を豊かにする側面と社会を支えるという側面がある。人は、働くことで多様な喜びを感じ、社会とのつながりを実感することができる。しかし、中学生の時期は、自分の人生を豊かにすることだけに考えが留まり、社会における働くことの役割やつながりを見いだすことは難しい。

　主人公の僕は、自分の人生を豊かにすることだけに考えが偏り、身近にいる父の働く姿を軽視する。しかし、兄の話から父の働くことへの意義を知り、考え方が大きく変わる。

　僕が見た父の姿から、働くことの多様な側面を考えることを通して、働くことの意義を見いだし、自分の人生の豊かさと社会とのつながりを考えようとする心情を育む。

> **共通解**
>
> 世の中のどんなことに役立ってるの？
> ・多くの人の生活を豊かにしてくれている
> ・安心・安全をつくってくれている
> ・人の笑顔を増やしてくれている
> ・夢を見させてくれる
> ・人生を明るくしてくれる

本時の展開　▷▷▷

1　学習課題を設定する

必須発問①
人はどんな思いをもって働くのだろうか。

　はじめに、「どんな仕事に就きたいかな？」と問い、クラゲチャートを活用して、仕事に対する意識調査をする。その際に、職種名ではなく、仕事の様子を表す言葉を考えさせる。

　多くの場合、３K（きつい・きたない・危険）を回避した仕事の様子が出ると予想できる。そのため、仕事に対して働く人の思いに視点を向けさせ、「世の中には色々な仕事があるけれど、そこではどんな思いで人は働いているのかな？」と問い、意見を交流する。その後、視点を整理し、本時の学習課題につなげる。

2　共通解を考える

中心発問
社会にある様々な仕事は、世の中のどんなことに役立っているのだろうか。

　僕の心の変容や母の僕に対する思いを押さえながら、「兄と父は僕に対して働くことの何を伝えたいのかな？」と問う。父を見ながら感じてきた働くことへの兄の思いや、父が考える世の中の役に立つことへの素晴らしさ等が出される。そのため、更に深めていくために、「社会には様々な仕事があるよね。この仕事とは、世の中のどんなことに役立っているのかな？」と問う。共通解を導き出すために、タブレットを活用しながら小グループで話し合わせた後、全体で意見を交流する。

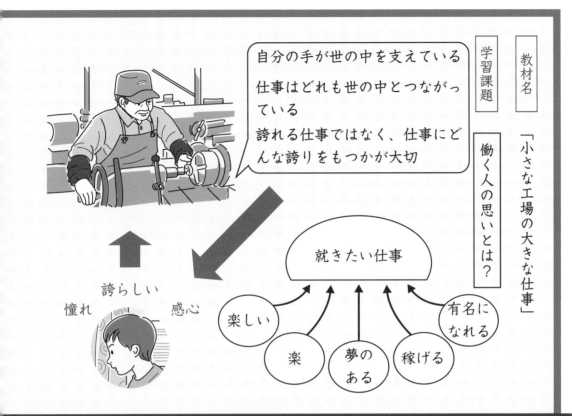

3 納得解と向き合う

必須発問②
働くことの意義と今の自分を比べてみて、気付いたり考えたりしたことをまとめよう。

　終末に、共通解で出てきた考えと自分の今とを比べ、働くことの意義を考えさせる時間を設定する。また、単に働くことだけに注目させるのではなく、自分との関わりについても考えさせるために、「自分の今と社会で働いている人との関係にはどんなことが考えられるかな？」と問い、社会で働いている人のおかげがあって自分の今が成り立っているということにも気付かせながら、自分事として捉えていく時間を十分にとりたい。

> **よりよい授業へのステップアップ**
>
> **職場体験学習等の学びをつなげる**
>
> 　職場体験学習等の時間と本時とをつなげ、小単元的な学びを構想する。例えば、職場体験学習等の時間において、「どうして◯◯の仕事に就いたのか」や「仕事に対する誇りや可能性にはどんなものがあるか」について調査させておき、その後、本時を設定する。そして、**1**の場面で、調査したことを発表させる。
>
> 　このような取組をすることで、働くことをより身近に感じることができ、自分事として考えを深めようとする姿が期待できる。

教材名　　　　　　出典：光村

異なり記念日

主題 家族の在り方を考える

C⒁家族愛、家庭生活の充実

本時のねらい

　今日、家庭を取り巻く状況は様々であり、その姿は一様ではない。しかし、家族が温かい信頼関係や愛情によって互いが深い絆で結ばれることが、充実した家庭生活を送ることにつながる。本教材では、「異なり記念日」に込めた家族に対する筆者の思いを通して、温かい信頼関係や愛情のある家族の在り方について考え、家族の一員としての自覚をもって積極的に関わり、よりよい家族関係を築いていこうとする道徳的心情を養いたい。筆者である父親の我が子に対する思いを捉え、そのやりとりから家族の在り方について考えることで、生徒自身も様々な支えがあって存在していることに気付き、今後どのような役割を果たすべきかを考えられるような時間としたい。

教材名

「異なり記念日」

学習課題

家庭生活を充実させる上で大切なことは何だろう。

・胸をぽんと一つたたいた
・樹さんは「頼もしい」

・樹さんが聞こえたものを教えてくれる
・自分のことを理解するまで成長した

・二人は異なる存在…？
・家族・家庭って…？

本時の展開 ▷▷▷

1 学習課題を設定する

必須発問①
家庭生活を充実させる上で大切なことは何だろうか。

　考えさせたいことを焦点化するため、「家族とはどんな存在か」「家族とよい関係を築けているか」等の問いかけから授業を開始する。それぞれの家庭環境が異なっていることに十分配慮しつつ、簡単なやり取りができるものがよい。次に、上記の必須発問に触れ、１時間を貫いて考えるものであることを確認する。範読後は、「『頼もしい』という言葉には、樹さんに対して父のどんな思いが込められているだろう」等の内容に関する発問を行うことで、登場人物を自らに投影することが可能となる。

2 共通解を導き出す

中心発問
「異なり記念日」としたのには、家族に対する父のどんな思いが込められているのだろうか。

　身体的なハンディを抱えていることをネガティブに捉えずに、温かい家庭生活を築いていこうとする決意を感じることができる場面が読み物の終盤にある。いかなる状況であっても、親として我が子を大切に思うこと、ハンディにもかかわらず我が子とのつながりに幸せを感じていること等、学級の仲間との交流を通して共有したい。展開に応じて、「異なり」について考えさせる発問「何が異なっているのか」等も行うことができる。家族の在り方について、多面的・多角的に捉えられるよう工夫したい。

「異なり記念日」としたのには、家族に対する父のどんな思いが込められているのか。

・違いを分かってくれてありがとう
・樹さんが違いを実感した
・今日を忘れないでほしい

・分かりあえて嬉しい
・「異なり」はマイナスではない

★ 異なり記念日
→ 互いのことを
　 もっと知れた日
→ 絆が深まった日

同じ

共通解

・心のつながりを大切にする
　・一緒に幸せを感じる
　・共に過ごす空間を意識

・意思を伝えることができる
・互いのことを愛している
・信頼関係、愛情で結ばれている

・家族の一員としての自覚をもつ
・互いを認め合う

C

主として集団や社会との関わりに関すること

3 納得解と向き合う

必須発問②
この家族に共通していることは何だろうか。

　中心発問では「違い」に注目することで、親から子への思いを確認した。ここでは、視点を広げてこの親子の関係性に迫っていくことで、「家族の在り方」について考えさせる。互いの間には温かい信頼関係や愛情があり、ハンディを乗り越えて思いを伝え合っている。最後に、必須発問①を再度行い、生徒それぞれが考える充実した家庭生活や家族の在り方について交流したい。また、自分の考えた家庭生活を実現するためには、どういった心構えが大切かを確認することで、納得解と向き合えるようにする。

よりよい授業へのステップアップ

様々な視点から捉える発問

　多くの中学生は、自律への意欲が高まる一方、反抗的な態度をとってしまう時期である。本教材では、子供ではなく、親視点で家族愛、家庭生活の充実について考えられるよさがある。左にあげた発問のほかに、「父（母）にとっての幸せとは何か」「樹さんにとっての幸せとは何か」等、様々な立場からねらいに迫る問いかけを展開に応じて行いたい。学級の仲間との交流を通していく中で、自分にとっての課題に気付いていけるよう工夫したい。

教材名　　　　　　　出典：光村

テニス部の危機

主題　よりよい集団の在り方

C ⒂よりよい学校生活、集団生活の充実

本時のねらい

　集団とは、そこに所属する一人一人の願いを叶えるべく、それぞれの役割と責任を果たすことで成り立っている。中学生の時期は、集団の一員としての自覚が次第に高まってくる一方で、自己中心的な考えに基づいて集団を動かそうとする傾向が見られる。

　登場人物の白石君と木戸君は共にテニス部をよくしたいという思いをもっているものの、一方で勝利至上主義、一方で和気あいあい主義で、考え方が全く異なることから部内で問題となっている。その理由を踏まえながら、共に協力し合い、高め合える集団の在り方を考える。

教材名

「テニス部の危機」

学習課題

テニス部に起きている問題を解決するにはどうすればよいのだろう？

勝利至上主義
部員の気持ちを考えない
力で押さえている

テニスは好き

自分勝手
部で決めたことを守っていない
話し合いをしない

テニス部に起きていること

本時の展開　▷▷▷

1　学習課題を設定する

必須発問①
このテニス部にはたくさんの問題があるね。どうしたらいいのだろう。

　はじめに、「今までに所属していた部活動や団体等で、考えがまとまらなかったことってあるかな？」と問う。多くの生徒は問いに関わる経験をしていると想像できるため、「それはどんなことかな？」と問い返し、問題意識を高める。その後、教材を範読する。次に、「このテニス部で起きている問題にはどんなものがあるかな？」と問い、意見を交流する。出てきた意見はベン図を活用してまとめ、整理する。そして、「この問題をどうにかしないといけないね」と伝え、本時の学習課題につなげる。

2　共通解を考える

中心発問
集団がまとまらなくなるのはどうしてなのだろうか。

　白石君と木戸君の思いは全く異なるけれど、テニスをしたい、楽しみたいという思いは共通していることを押さえ、「まずはどんなことから大切にしたらいいのかな？」と問い、よりよい集団づくりにおける最初の一歩に視点を向かせる。互いの思いを伝え合う中で、自分たちの利益のみの追求になっていないかに気付かせていく。ここで、「そもそも、どうして集団がまとまらなくなるのかな？」と問う。共通解を導き出すために、小グループで話し合わせた後、全体で意見を交流する。

テニス部をよりよくするための最初の一歩

部長と部員の役割を確認する

面と向かって話し合う

相手の話を聞く

もう一度ミーティングを開く

どんな部活にしたいかを考え直す

部活動が変わっていくチャンス

テニスがもっと好きになる

部活が楽しくなる

笑顔が増える

共通解

集団がまとまらなくなる原因

・自分だけの考えで動かそうとする
・話し合う場面が少ない
・自分勝手な人が多い
・楽しみ合ったり、喜び合ったりする機会が少ない

3 納得解と向き合う

必須発問②
今の所属している集団を見つめてみて、どんなことを大切にすると、より成長していくのだろう。

　終末に、共通解で出てきた考えを踏まえて、「今、所属している部活動や団体等が、更によりよい集団へと成長していくためには、どんなことを大切にしたらいいのかな?」と、これからの自分の在り方、所属している集団の在り方を考えさせる時間を設定する。

　その際、再度 1 でつくったベン図を見せ、集団の中にある共通点に目を向かせ、「一人一人の考えが共通しているところを見付けるにはどうしたらいいのかな?」と問い、自分事として捉えていく時間を十分にとりたい。

よりよい授業へのステップアップ

即興的な役割演技を活用して深める

　2 の場面で、白石君グループと木戸君グループと顧問である先生役をつくり、即興的な役割演技を活用して、体験的に考えさせる。役割演技のテーマは学習課題「テニス部に起きている問題を解決するには?」とする。通常の部活動では顧問である先生も関わることが予想されるため、それぞれの主張がリアリティに溢れ、どうしたらテニス部の問題が解決され、よりよい部活動へとつながるのかについて、より深まりのある共通解を期待できる。

教材名　　　　　　　出典：日文

ハイタッチがくれたもの

主題 自分たちでつくる校風

C ⒂よりよい学校生活、集団生活の充実

本時のねらい

中学生の時期は集団の中で、個が成長する時期であるが、自我意識が高まるとともに、自分の思いを先行させてしまうことがある。

この教材は、生徒会に所属する主人公の話である。主人公はハイタッチを通して明るい学校にしようと提案するが、賛同を得られなかった。部活動の試合を通してハイタッチのよさを再確認した主人公は再び提案しようと決意する。

よりよい学校生活をつくるために、様々な考え方があることを理解し、利己心を克服することの大切さに気付かせたい。教材を通して自分の学校を見つめ直し、互いに協力して校風をつくろうという実践意欲を養う。

教材名
「ハイタッチがくれたもの」

学習課題
よりよい学校をつくっていくにはどんなことが大切だろう。

今の〇〇中学校
・挨拶ができる　　・スポーツが盛ん
・フレンドリー　　・集中力がない
・勉強は苦手　　　・にぎやか

⬇

「〇〇中らしさ」

もっとよい学校にするには？

本時の展開 ▷▷▷

1 学習課題を設定する

必須発問①
みなさんが思う「よい学校」とはどのようなものだろう。

必須発問①をテキストマイニングツール（「よりよい授業へのステップアップ」で解説）を用いて可視化することで、生徒の学校に対する理想像を共有する。その上で「今の〇〇中はどうだろう」と問う。理想と現実を比べていくことで生徒も学校の実態を考えやすくなり、肯定的な意見も否定的な意見も多く出ることが予想される。どちらも受容的に受け止めた上で、それが今の「〇〇中らしさ」であり、「よりよい学校にしていくにはどんなことが大切だろう」と問いかけて、学習課題を提示する。

2 共通解を考える

中心発問
みんなで学校をよりよくしていくにはどんなことが大切だろう。

「なぜ主人公はハイタッチにこだわるのだろう」という発問から主人公の熱意や心情について考える。さらに、視点を変えて主人公の提案に賛同できなかった浩一の気持ちにも触れていく。「賛同できない意見に対してあなただったらどうしますか」と問いかけることで、自我関与を促す。試合で変わった浩一の気持ちについても考えた上で、中心発問につなげる。中心発問では、導入にも用いたテキストマイニングツールを用いて生徒の考えを可視化し、同じ意見が多かったものを共通解として板書する。

自分だったら？

- 黙ってるのは失礼。
- 言い方には気を付けたい。
- 代わりの案を出したい。
  →否定だけだと進まない。
- 気を遣って言えないかも。

浩一

- 本当に意味があるのかな。
- やる気満々だし、否定しづらいな。

主人公

- ハイタッチで学校を変えたい。
- ハイタッチには大きな力がある。
- 新しいことをしたい。
- 否定ばっかり。
- 何か言えよ。
- 腹が立つ。

★協力することに決めた浩一

- そこまで言うなら。
- 大切なことなのかもしれないな。
- やってみるか。

共通解

「みんなで学校をよりよくしていくには？」

話し合い
自分も考える 他の人の意見を大切に
他の人の意見 やる気
チャレンジ
否定しない 熱意
伝統 やってみる
相手の話を聞く
応援する心

※電子黒板で表示

---

3 納得解と向き合う

必須発問②
〇〇中学校をよりよくしていくためにどんなことをしていきたいか。

　中心発問で得た共通解から自分たちの学校ではどうかについて考えていく。ここでは、「〜したい」というような実際の行動目標を記述する生徒もいることが予想される。単に方法論にならないように「なぜそうしたいと思ったのか」と問い、生徒の気持ちの部分を引き出していくため、思考する時間はしっかりと確保したい。終末に必須発問①での「よい学校」の理想像を再度提示し、一人一人の答えを聞き取りながら共感的に受け止めることで、実践意欲の向上を図りたい。

よりよい授業へのステップアップ

ICTの強みを生かした活用法

　導入と中心発問で用いたテキストマイニングは、生徒が送信した考えを電子黒板に表示させるツールである。インターネットで検索すると様々な種類が存在する。同じワードは大きく表示されるため、学級全体の考えが可視化される。実際に活用する際には、まず自分の考えを送信させる。さらに画面に表示された考えの中で共感したものを各自で送信するよう指示することでこのツールのよさが引き立つ。アナログな手法では取り扱えないほどの情報量を扱えるのがICTの強みである。

教材名　　　　　　　出典：日文
和樹の夏祭り

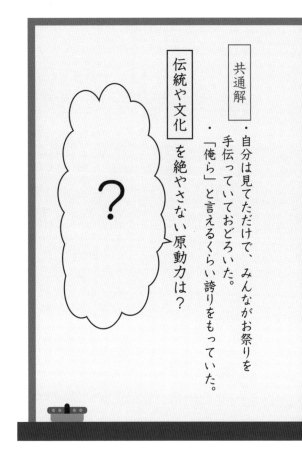

主題　地域の伝統の大切さ

C ⒃郷土の伝統と文化の尊重、郷土を愛する態度

本時のねらい

　自分たちの地域にあるお祭りや郷土芸能について、よく考えたことはあまりないかもしれない。今日、過疎化も進む地域がある中で、郷土の伝統や文化を守ることに意識が向かわなくなりつつある傾向が見られる。

　地域のお祭りが大好きな主人公の和樹と剛。剛の「俺らの祭り」という一言を巡り、2人の祭りへの関わり方の違いを考えさせたい。

　和樹と剛の心情を通して、自分たちの立場になって考え、地域と自分たちがどのように関わっていくべきかを考えるきっかけにしたい。

(板書イメージ内の文字)

共通解
・自分は見てただけで、みんながお祭りを手伝っていておどろいた。
・「俺ら」と言えるくらい誇りをもっていた。

伝統や文化を絶やさない原動力は？

？

本時の展開 ▷▷▷

1 学習課題を設定する

必須発問①
自分たちの地域にあるお祭りは、なぜあるのだろうか。

　自分たちの地域にあるお祭りが、なぜあるのかについて考えることはないように思える。そこで、お祭りが果たす役割について導入で考えていきたい。

　「地域を活性化させるため」「人と人とのふれあい」といった考えを最初にもたせ、和樹と剛の心情に少しでも近付くように授業を進めていく。生徒の話を聞きながら、「自分たちはどんな気持ちでお祭りに参加しているのか」についても問いながら考えさせる。

2 共通解を導き出す

中心発問
和樹はなぜ「俺らの祭りじゃけぇ」が気になって仕方なかったのだろうか。

　剛の言葉や和樹が訪れたお祭りの中学生の様子を通して、和樹が引っかかった理由について考えさせたい。和樹の地域でお祭りが中止になった原因を明確にし、和樹は自分たちがどのような気持ちでお祭りを考えていたのか考えを深めていきたい。

　和樹が話した「それはこっちのセリフじゃ」の言葉には、一生懸命働く中学生の姿が生き生きしていたからではないかという考えをもたせ、さらに自分の町のお祭りについても考えさせたい。

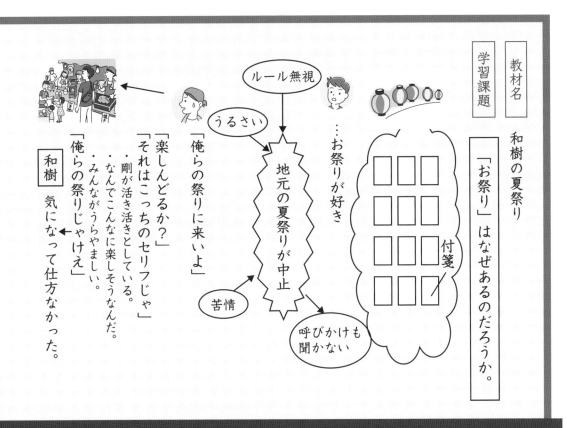

教材名 和樹の夏祭り

学習課題 「お祭り」はなぜあるのだろうか。

地元の夏祭りが中止

ルール無視

うるさい

…お祭りが好き

苦情

呼びかけも聞かない

付箋

「俺らの祭りに来いよ」

「楽しんどるか？」
「それはこっちのセリフじゃ」
・剛が活き活きとしている。
・なんでこんなに楽しそうなんだ。
・みんながうらやましい。

「俺らの祭りじゃけえ」

和樹　気になって仕方なかった。

C
主として集団や社会との
関わりに関すること

3 納得解と向き合う

必須発問②
自分たちの身近にある「伝統や文化」を絶やさないための原動力は何だろうか。

　和樹のやり取りや、剛とお祭りで働く中学生を見て、お祭りをただ見る側の視点から、運営する側の視点に換えて考えを深めていきたい。ただ参加する側だった和樹と生徒自身を対比させ、自分事として考えさせたい。
　さらに、課題の中で自分自身が挙げた「地域のお祭りの役割」にも触れさせ、これからの自分がどのように地域の活動に関わっていくべきかを考えるきっかけにしたい。

よりよい授業へのステップアップ

地域だけでなく自分たちの文化にも気付かせたい

　例えば、生徒会活動で地域と関わる活動や、生徒会活動で続けている伝統があるのならば、ずっと続いている活動と教材をつなげて考えさせる。
　「続いているものには、思いや情熱がある」ことや、「やめることは簡単だが、続けていくことは大変なこと」ということに気付かせ、思いをもって続けていくことの大切さを感じ取らせたい。

和樹の夏祭り
087

一枚の布から

主題 伝統を受け継ぐ

C⒄我が国の伝統と文化の尊重、国を愛する態度

本時のねらい

　それぞれの国で生まれ、受け継がれてきた伝統や文化には、優れた知恵や技術がある。しかし、中学生がそれに触れる機会は少ない。

　主人公の友希は、夏祭りで同級生とゆかたを着ることに抵抗があったが、外国の人が和服に感動している姿から、ゆかたを着ることにする。ゆかたで祖母と父とのつながりを感じ、さらに伝統や文化の和服に興味をもちはじめる。

　父のゆかたを受け継いで着ることに喜びを感じる友希の姿を通して、伝統や文化のよさを再発見した喜びに共感し、伝統や文化を通した「つながり」に気付き、それらを継承していこうとする心情を育てる。

> 教材名
> 「一枚の布から」
>
> 学習課題
> 和服の伝統を受け継ぐためにできることは何だろう？
>
> 　　
> 　七五三　　成人式　　結婚式
>
> ＜ゆかたや着物のイメージ＞
> ・あまり着ない
> ・夏祭りで着る
> ・日本の伝統

本時の展開 ▷▷▷

1 学習課題を設定する

必須発問①
ゆかたや着物にどんなイメージをもっているか。

　はじめにゆかたや着物を着用しているシーンの写真（七五三、卒業式、成人式、結婚式など）を掲示し、和装へのイメージを膨らませる。

　次に「どんなイメージがあるのか？」と問う。自由に考えを出せるように Jamboard を活用し、イメージの共有化を図る。そこで、和装が「伝統」であることを知りながらも、洋風化を好む傾向にある現状を踏まえ、受け継いでいく意識の薄さに気付かせる。そして、和装への忌避感から伝統を引き継ぐことへの問題意識を高め、本時の学習課題につなげる。

2 共通解を導き出す

中心発問
「こんなつながりもいいな」と「僕」はどんな「つながり」がいいなと思えたのだろう。

　「僕」の和装へのイメージの変容やおばあちゃんが「僕」にゆかたを着せているときの思いを押さえ、「どんなつながりがいいと思ったのでしょうか？」と問う。実体験からつながりを感じた生徒もいることが予想される。自己を振り返りながら考えさせることも有効である。家族のつながりや先人や後世とのつながりなどが出されたら、ここで押しの一手。「着物デザイナーなどの活動から海外とのつながりもあるけど、そのよさは何？」とさらに問い、見方を広げ、共通解を導く。

友希

「古くさい、かっこわるい」

・外国の方が感動！
・おばあちゃんが
　「うれしい」

「着せてくれて、ありがとう」

・自分で調べる
・「いつか、僕も…」

「こんなつながりもいいな」

・花火大会で着る。
・和装での仕事を調べる。
→温泉宿、舞妓さん

・父のゆかたを着ることができた。
・昔の人の思いを受け継げた。
・世界の人に親しまれている。

共通解

昔の人、未来の人、世界中の人とつながりを大事にしながら発信をする。

---

3 納得解と向き合う

必須発問②
伝統を引き継ぐために、自分にできることは何だろうか。

　終末では教材を離れ、生活経験を基に自由な発想で「伝統を引き継ぐためにできること」を考える時間を設定する。その際、アクションの結果を気にせずに考え、引き継いでいこうとする心情を大切にする。和装に触れる機会がなかった生徒も、「知る」ことからはじめるのでも引き継ぐことになることを自覚させる。また、地域の伝統や文化と和装のつながりや修学旅行での体験学習（和装）なども考える糸口になる。個人で考えた後、グループで意見交流をして考えを深めさせる。

よりよい授業へのステップアップ

リアルな体験でイメージアップ！

　写真は視覚的効果は期待できても、着心地を伝えることはできない。また、「僕」のようにマイナスなイメージが大きすぎると、引き継ごうとする心情は弱くなる。できれば、**1**の場面で、和装に触れる機会がなかった中学生が「和装、いいね！」とよさに気付いてから教材に入りたいものである。そこで、実際にゆかたを準備し、生徒の一人に着てもらって感想を発表させることで、和装のよさ、おもしろさに気付けるきっかけづくりになるだろう。

危険地帯から実りの土地へ

主題 世界のためにできること

C ⒅国際理解、国際貢献

本時のねらい

国際貢献をすると言われてもピンとくる生徒は少ないだろう。また、実際に何ができるかを考えさせても身近なことになるだろう。身近なことが悪いことではないが、それは世界で苦しんでいる人々をイメージしての行動だろうか。

雨宮さんは、地雷の被害が現地の人々の心にもダメージを与えていることを実感して、地雷除去だけでなく、その先を見据えた地雷除去機を完成させた。

雨宮さんの挑戦について考えていくことを通して、困っている人を具体的にイメージすることや、支援をした後のことも考えることが、よりよい国際貢献につながることを理解し、世界平和のために貢献できる喜びという道徳的心情を育てる。

```
教材名
「危険地帯から実りの土地へ」

学習課題
世界のためにできることは？

        募金
興味        平和
フードロス  持つ  減らす
食べ残し  考える    わかる

募金
残さず食べる        身近

貧しい国に物を送る
なにかを開発する    遠い
```

本時の展開 ▷▷▷

1 学習課題を設定する

必須発問①
世界のためにできることはたくさんあるかもしれないけど、そのために大切なことは何だろう。

Webフォームなどを活用して、「世界のためにできること」についてアンケートを行い、結果をワードクラウドで表示して意見を交流させる。募金や食べ残しを減らすといった自分の身近でできる小さいことと、今の自分たちには手に余るような規模の大きいこととに分類して整理する。

世界のためにできることには、小さいことも大きいこともあるが、それぞれに共通して大切なことは何かを考えさせて、授業に入っていく。

2 共通解を考える

中心発問
危険地帯から実りの土地へ変わったのを知って、雨宮さんはどんな気持ちを得られたのだろう。

雨宮さんが帰国後に居ても立っても居られないくらいになり、開発に取り組んだことを確認し、何が雨宮さんを駆り立てたのかを考えていく。その中で、何となく知っていたことがリアルな知識になったことや、自分たちが当たり前の生活だと思っていたことが、実は幸せな生活だったことに気付かされたなどの考えを引き出し、支援後の雨宮さんについて考えさせる。

雨宮さんの支援前後の表情を描かせることで、国際貢献する喜びに気付かせ、共通解へとつなげていく。

何が雨宮さんを駆り立てたのだろう。 危

危険地帯から実りの土地へ変わったのを知って、雨宮さんはどんな気持ちを得られたのだろう。

実

おばあさんの言葉
⇒自分たちは豊かな生活をしている一方で、苦しんでいる人がいることを知った。

現地の人たちの生活を見た
⇒何となく知ってたものが、リアルなものとして迫ってきた。

「自分がやらないと」と思った
⇒今の自分にはできない。
・他の人の力も頼ろう。
・いろいろ勉強しよう。
⇒だれかがやってくれるだろうじゃ変わらない。

不安
まだ世界中に苦しんでいる人がいる
油断できない。

嬉しさ
地雷を撤去できた。
自分の力が役に立った。
人々が自分たちの力で前に進んでいる。

共通解

世界のためにできること
・近くにはいないけど、困っている人の存在を知って、身近に感じること。
・きっと何かができると信じること。
・今はそのときのためにいろんな力を蓄えること。

3 納得解と向き合う

必須発問②
世界のためにできることはたくさんあるかもしれないけど、そのために大切なことは何だろう。

あえて冒頭の発問と同じ問いを投げかけることで本時の学習を振り返らせる。雨宮さんの挑戦のように大きなことだけではなく、自分たちの身近な取組でも、共通解として出された大切なことを意識することで、よりよい国際貢献につながっていくことに気付かせたい。

このような場面にICTを使って振り返りを蓄積することも考えられる。終末に振り返ったことを授業後に匿名で共有し、仲間の考えを受けてから、さらに深まった考えをワークシート等に書くことも工夫として考えられる。

よりよい授業へのステップアップ

表情絵を描くだけで終わらせない

場面ごとの人物の表情をイメージさせて表現させる活動をすることで、人物の心情理解につながる。しかし「心情理解にのみ終始する」ことが授業改善で問題としてあげられていたので、表現で終わることはできない。

「表情の変化の理由」「表情の細部に込められた想い」「この表情を変えるために必要なこと」など、生徒が表現したものを考えるきっかけにして、全体での話し合い活動を深めていきたい。その際、生徒から表情絵について質問させると話し合いが活性化する。

奇跡の一週間

主題　いのちを考える

D ⒆生命の尊さ

本時のねらい

　中学校の時期は、比較的健康に毎日を過ごせる場合が多いため、自己の生命に対する有り難みや、連続性・有限性を感じている生徒は決して多いとは言えない。そこで、教材を通して、生命の連続性・有限性について学ぶ機会は非常に重要である。生まれてくる命や失われる命と向き合うことで、生命の尊さを理解することができる。

　教材に出てくる「私」は、ホスピスに勤務する看護師で、末期癌の北村さんとの出会い、絵本の共同制作を通して、命の限り生きることの尊さを学び、仕事に対する意識が変化していく。「私」の変化を通して、限りある命を尊重して生きようとする態度を養う。

教材名

「奇跡の一週間」

学習課題

「命いっぱいに生きる」とはどういうことか。

・人生を精一杯生きるということ
・自分ができることにベストをつくすということ
・時間を無駄にしないということ
・いろいろなことにチャレンジをするということ
・笑顔で、いろいろな人と仲よく過ごすということ

本時の展開 ▷▷▷

1 学習課題を設定する

必須発問①
「命いっぱいに生きる」とはどういうことか。

　「命いっぱいに生きる」と書いたカードを黒板に貼り、命いっぱいに生きるとはどういうことかを問う。命について考える授業の場合、身近な人の死に接したり、人間の生命の有限さに心を揺り動かされたりした経験の有無が、考えや思いの差となって表現される場合が多い。

　そこで、生徒にとって答えやすい問いを投げかけることで、全ての生徒が授業に参加しやすい雰囲気をつくる。

2 共通解を考える

中心発問
北村さんとの奇跡の一週間を通して、「私」が気付いたことは何だろうか。

　北村さんと私の絵本の共同作業の過程を確認し、それぞれがどのような思いで、この作業に関わっていたかを問う。その上で、私の言葉の変化から、北村さんとの一週間を経て、私の感情が大きく変化したことを押さえ、「奇跡の一週間」を通して、「私」が気付いたことを問う。

　一人一人にじっくりと考える時間を確保した上で、全体で意見を交流させる。自分が気付かなかった意見が出てくることで、生徒一人一人の学びが深まることが期待できるので、全員発表の場をつくることができるのが望ましい。

・期待に応えたい
・できる限り精一杯のことをしたい
・いいものを描いて、遺したい

絵本の共同制作

北村さん　　　　私

・すてきな絵なので描いてほしい
・生きる希望になってほしい

北村さんとの奇跡の一週間

悲しくないわけないじゃない。　→　お別れするのは悲しい。でも、お会いできることがうれしい。

「奇跡の一週間」を通して、「私」が気付いたことは？

共通解

・命の限り懸命に生きることのすばらしさ
・見守るだけではなく、共に生きることの大切さ
・どのような状況でも、意志があれば無限の可能性がある
・いつかはやってくる死を恐れ、悲しむのではなく、どう生きるかを大切にすることの美しさ

3 納得解と向き合う

必須発問②
限りある命をあなたはどのように生きたいと思うか。

　北村さんの生き様や北村さんから学んだ「私」の姿を通して、「命いっぱいに生きる」ことについて考えた上で、自分がどう生きたいかについて向き合う時間を設定する。

　生徒にとっては難解な問いだが、現時点で納得解を見付けられなくてもよい。北村さんや「私」との出会いをもとに、一度立ち止まって、自分の人生を展望する経験にしてほしい。そして、この授業での経験が、今後の人生の中で、納得解を見付けようとするきっかけになることを願いたい。

よりよい授業へのステップアップ

「死」と向き合い、「生」に気付く

　人間にとって、死と向き合うことは、未知のことであり、恐ろしいことである。ゆえに、考えることを避けたくなるテーマである。ホスピスとはどのような場所かについても触れることで、看護師さんと北村さんの関係性をより理解することができ、生徒の想像や気付きを深める。

　2 と 3 の間に、家族等の最期を看取った方をゲスト・ティーチャーに招いて話をしてもらったり、ホスピスで最期を迎えられた方の手記を補助教材として用いたりするのも効果的である。

教材名　　　　　　　出典：教出

たったひとつの たからもの

主題 精一杯生きることの大切さ

D (19)生命の尊さ

本時のねらい

　生命には、自分が今ここにいる不思議（偶然性）、いつか終わりがあること、その消滅は不可逆的で取り返しがつかないこと（有限性）、ずっとつながっているとともに関わり合っていること（連続性）の３つ側面がある。それゆえ、自他の生命を尊重することが大切である。

　先天的なダウン症障害と心内膜床欠損症をもちながら６年間の短い人生を一生懸命に生きた加藤秋雪さん。彼は生後１年間しか生きられないと宣告されながらも、多くの困難を乗り越え成長していくという内容である。これはもともとは写真家である母親の浩美さんが写真とともに綴られた手記をもとに作成したものである。この教材を通して、限りある自分の生命を精一杯生き抜こうとする心情を育てたい。

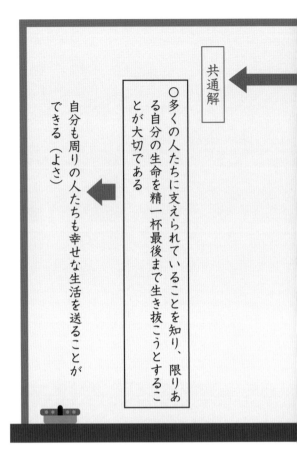

共通解

○多くの人たちに支えられていることを知り、限りある自分の生命を精一杯最後まで生き抜こうとすることが大切である

自分も周りの人たちも幸せな生活を送ることができる（よさ）

本時の展開 ▷▷▷

1 学習課題を設定する

必須発問①
あなたにとっての宝物は何だろうか。

　本時で扱う教材に興味・関心をもたせる意味で、「あなたにとっての宝物は何か」を問うてみる。

　生徒たちからは次のような考えが出されることが予想される。「家族」「親」「友達」「思い出」「命」など。ここで CM 映像「たったひとつのたからもの」（実話）を視聴し、この歌の「あなた」は誰なのかを確認しつつ、本時ではこの映像の人物について学習することを告げるとともに、さきほどの生徒からの意見も絡めつつ本時の学習課題を設定する。

2 共通解を導き出す

中心発問
秋雪さんが両親に残した大切な宝物とは何だろう。

　ここでは、母親を支えてきた、ある医学雑誌に載っていた小児心臓病専門医の言葉「人の幸せは、命の長さではないのです」や、「『生きる』ことは大変で、つらい時もたくさんあったが、それ以上に、幸せに気付かされる瞬間は毎日の生活の中にあふれていた」とあるが、ここで言う「幸せ」とは何を指しているのかを、生徒一人一人に考えさせたい。そのとき教師は机間指導する中で、多面的・多角的な考えを書いている生徒を意図的指名をして発表させ、そこから共通解を導き出すようにする。

小児心臓病専門医の言葉
「幸せ」に気付く瞬間は毎日

教材名	「たったひとつのたからもの」
学習課題	生命を大切にして生きるとはどういうことか？

あなたにとっての宝物は何か

↔

・家族　・親　・友達　・命　など

病気の告知、たくさんの注意事項　母親の思い

『言葉にできない』　歌　小田　和正さん　CM

秋雪さんは6年間という短い人生（生命）でしたが、彼は両親にとてもとても大切な宝物を残しました。それは何だと思いますか。

・秋雪さんと共に幸福感に浸った時間の共有…ご飯を食べる、トイレに行く、怒る、泣く、笑う、眠る、このことが最高の喜び（共に生きた喜び）
・常に全力疾走していた命が「精いっぱい」の大切さを教えてくれた
・自分の体の限界を探りながら、毎日の生活を楽しむことに一生懸命やることの大切さを教えてくれた

3　納得解と向き合う

必須発問②
今の自分は、今日学んだことに照らして、そのような生き方をしているだろうか。

　これまでの話し合いを通してつかんだ共通解である「多くの人たちに支えられていることを知り、限りある自分の生命を精一杯最後まで生き抜こうとすることが大切である。そうすると、自分も周りの人たちも幸せな生活を送ることができる」を基準にして、今の自分はこのような生き方をしているのかを生徒一人一人に時間を取り考えさせ、その後、教師はファシリテーター役となり、積極的に発言しないがじっくり考えている生徒にも指名をしながら自己内対話を深めていきたい。

よりよい授業へのステップアップ

授業の導入と終末段階の工夫

　本時の展開前段の教材を教師が範読するときに、場面絵を黒板に提示するようにして生徒が理解しやすいようにする。
・秋雪さんが誕生したときの場面絵
・母親が医師に病気のことを告げられている場面絵
・秋雪さんが学園バスで通園する場面絵　など
　また、終末で母親のメッセージ入りの映像を見せ、「たったひとつのたからもの」に込められた思いに浸りながら余韻をもって終わるようにする。

僕の仕事場は
富士山です

主題 地域環境の未来のために

D ⑳自然愛護

本時のねらい

　自然の崇高さを知り、自然環境を大切にすることの意義を理解し、進んで自然愛護に努めることがねらいである。中学生は学年が上がるにつれ、様々な体験を通して自然の力のすさまじさと人間の力の限界を理解し、人間の力を超えた自然の崇高さを感性と理性で捉えようとする。

　富士山のガイドをしている「私」の考えに触れ、自然環境を守ることが自分たちの生活環境を守ることにもつながり、自然を愛護しようという積極的な意識につながることを考えさせる。そのために、画像や動画で環境の移り変わりについて意識させるなど、考えるための動機付けを行う。人間が、自然の中で生かされいることに気付き、自然を尊び、自然を愛護しようとする態度を養う。

教材名
「僕の仕事場は富士山です」

学習課題

美しい自然を守ることで、
人間が自然から得られるもの
は何だろう。

← 比べてみよう →

同じ海でも…

・美しい　　　　・ごみだらけ
・綺麗　　　　　・汚い
・透き通っている・どうしてこんな
・色が神秘的　　　に違うの

海を元の姿に戻そうとする人たち

多くはボランティア

今日のテーマ
「自然」それから
得られるもの

本時の展開 ▷▷▷

1 学習課題を設定する

必須発問①
「自然破壊」と「自然再生」の写真からどんなことが考えられるだろう。

　最初に環境破壊によって自然が失われていく姿の写真または動画を生徒に提示し、現状を示す。さらに、環境破壊に気付いた人間の取組についても写真または動画で提示する。黒板には破壊と再生の様子の写真を対比できるように示し、学習への動機付けを行う。

　富士山ガイドの「私」の考え方に触れ、自然愛護の大切さ、大切にすることによって得られるものを考えながら**2**の共通解につなげられるように授業を展開する。自然と人間が共存することで自然を愛護しようとする態度を高める。

2 共通解を考える

中心発問
教材から気になること、疑問について出し合い、意見交換してみよう。

　富士山の美しさを取り戻す活動のなかで筆者が考えたことを出し合うことで、生徒の課題意識を具体的に捉え、その意見をもとに学習課題について考えていく。生徒からは「ゴミ袋をわたさない」「ごみを捨てていた」「きれいなのは当たり前だと思っていた」などの意見が出ると予想される。その根拠を問いながら自然が人間に与えている恩恵について焦点化する。

　人間も自然の一部であることを理解させ、人間のエゴにより自然が破壊され、人間の生活をも脅かすということについても意識させる。

テーマ　近藤さんの活動を通して自然環境を守る意義を考える

○僕（近藤さん）の活動で考えた点はあるか。
・富士山の魅力に引き込まれた点
・清掃活動は何のためにするのか
・人間の身勝手な行動が自然を破壊する
・わたしも見て、気付いて変わったという点
・日本の宝物が未来の子供たちからの借りもの

＊キーワードで整理し深めて、つなげる

魅力→荘厳、パワーを得られる
神々しい、信仰心

よさ

日本の宝物→世界に誇れる
日本の象徴

人間のエゴが環境悪化を

人間の身勝手さ
→当たり前に自然があると思っている
人間のおごり
自然環境が悪くなり住みにくい

共通解

私たちに求められている自然との関わり方について考えよう。その理由も考えよう。

私の変化→見て気付いた。そして行動した。他の人にも見て気付いてもらいたい。自ら関わってもらいたい。

子供たちの借りものとは
→大切な自然を次の世代に残す仕事が我々の責任
自然の人間の調和ある世界を残す
自然の素晴らしさを知らせたい

・自分たちの考え方と行動で自然を守れ、人間の環境をよくする。
・自然の雄大さや神秘さはかけがえのないもの。一度失うと取り戻せない。人間中心から自然中心の社会へ転換すべき。
・人も自然も次の世代につながっていることを考える。

3 納得解と向き合う

必須発問②
誰もが「自然の中でごみを捨てない」という意識をもつために根本的な考えは何だろう。

　終末は、学習課題に戻り考えさせることが大切である。「美しい自然を守ることで、人間が自然から得られるもの」その根本の基本的なことが「ごみを捨てない」につながっている。

　小さな一つの行為が、大きな結果に結び付くことに着眼し、人間の行動変容によって自然を破壊し住みにくい環境にするか、ちょっとした簡単な行為で人にも自然にも優しい環境にすることができることを押さえる。板書を手がかりにして、生徒に学習感想を書かせることを通して、納得解と向き合えるようにする。

よりよい授業へのステップアップ

自然愛護と自然破壊を対比させる

　3 の納得解と向き合わせる場面と 1 の導入で自然破壊と美しい自然の対比の場面を関連付けて考えられる板書にする。自然の豊かさや壮大さを感じさせ、一方では人間の一方的な都合で環境を悪化させている実態があることを示し、自然愛護がなぜ必要なのか筆者の取組と重ね合わせながら考えさせることで、自分なりの納得解を見付けることができる。

　自然は当たり前にあるのではなく、守り続けるための努力があることを認識させることも忘れてはならない。

教材名　　　　　　出典：東書

夜は人間以外のものの時間

主題 畏敬の念

D ㉑感動、畏敬の念

本時のねらい

　人間は様々な意味で有限なものであり、自然の中で生かされていることを自覚することができる。この自覚は、生命のかけがえのなさや尊さ、人間として生きることのすばらしさの自覚につながり、とにかく独善的になりやすい人間の心を反省させ、生きとし生けるものに対する感謝と尊敬の心を生み出していくものである。

　本教材は、文化人類学者の筆者が、調査中に出会った村の住人との会話をもとに、自然と人間の関係性について考えを巡らせ、現代の人間に警鐘を鳴らしている。

　指導に当たっては、筆者が考えたことを通して、人間と自然との関わりについて多面的・多角的に捉え、人間の力を超えたものに対する怖れや敬いの心情を育てる。

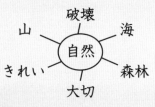

本時の展開 ▷▷▷

1 学習課題を設定する

必須発問①
人間と自然の関係とはどのような関係だと思うか。

　導入で、自然と聞いて連想するものを聞き、マインドマップ式に板書する。まず自然という概念を学級内で共有した上で、人間と自然の関係性をどう捉えるかを問う。ここでは、グループごとにホワイトボードを渡し、意見を言い合いながら、自由に図で書き表すように伝える。その後、ホワイトボードを黒板に貼り、人間と自然の関係性については、様々な捉えがあることを共有して、本題に入っていく。ホワイトボードではなく、一人一台 PC 端末を活用するのもよい。

2 共通解を考える

中心発問
作者が見直さなければいけないと考えているのは、どのようなことだろう。

　まず、議論する場を用意し、「夜は人間以外のものの時間」という考えをどう思うかについて、「共感できる」から「共感できない」までを数直線上で回答できるようにする。

　その上で、筆者が見直さなければならないと考えているのはどのようなことかを問い、一人一人が考えをもつ時間を確保した上で、グループで意見を出し合い、学級内で共有する。

　前半で自分の立場を明確にした上で、作者の主張と向き合うことで、より一層自然と人間との関係性についての理解が深まると考える。

「夜は人間以外のものの時間」という考えをどう思いますか。

共感できない	共感できる
・いつ何をしようが自由だから ・迷惑をかけなければ大丈夫だから ・夜だけではなく、どの時間も 　みんなの時間だと思うから	・人間は地球に存在しているもの 　の一部にしかすぎないから ・自然界の主役は人間ではないから ・自然はみんなのものだから

共通解　筆者が見直さなければいけないと考えていること

・人間が自然を粗末にしてきたこと
・人間が自分たちの好き勝手に自然を利用してきたこと
・人間中心に物事を考えてきたこと
・自然と人間との関係性
・今後の自然との関わり方

3 納得解と向き合う

必須発問②
あなたは自然とどのような関わりの中で、生きて
いきたいか。

　ここでは、教材から離れ、世界のいろいろな
祭りや儀式を映像や画像を使って紹介する。
　祭りや儀式は自然に対する畏敬の念から生み
出されたものが多い。これらが、世界各地で伝
統として受け継がれてきた背景について、空間
的・時間的にマクロな視点で気付かせたい。そ
の上で、自分と自然という関係性について考え
ることで、畏敬の念につながる深い道徳的心情
が育つことが期待できる。

よりよい授業へのステップアップ

思い切った発問で大胆な授業へ

　授業の導入と終末に思い切った発問
を入れることで、ダイナミックな授業
を構成することができる。
　生徒が道徳の授業をおもしろくない
と感じる理由として、「答えが決まっ
ている」ことや「文章を読んで、答え
を探すだけ」ということを挙げてい
る。授業は生徒が主役で、教材が主役
ではない。今回のように、教材は議論
のネタとして活用し、"人間と自然の
関係性について見つめる"ことを一本
の軸として、大胆な構成も提案した
い。

夜は人間以外のものの時間

教材名	出典：東書

足袋の季節

主題 誇りある生き方とは

D ⑳ よりよく生きる喜び

本時のねらい

　人間には、自らの弱さや醜さがあると同時に、それらを克服する強さや気高く生きようとする心があることを理解し、人間として生きることに喜びを見いだすことについて考える教材である。中学生の段階では、そうは思ってもなかなか克服できず、心の中がモヤモヤした思いでいることが多い。

　お婆さんをだましたという思いを抱えたままずっと過ごした「私」の気持ちの弱さとずっと何とかしなくてはいけないという人間としての気高さの間で葛藤している場面に焦点を当て、自分事として考えさせる。それにより、人間は自らの弱さや醜さを克服しようとする強さがあることに気付き、自分に誇りをもち、人間として気高く生きていこうとする心情を育てる。

教材名
「足袋の季節」

学習課題
人間としてのあるべき姿とは？

○誇れる部分
・友達と仲がいい
・約束を守る
・協力できる

○弱い部分
・後回しにする
・やる気がおきない
・隠れて○○する

＊生徒から具体的経験を聞く

○教材から「私」の心の中を覗いてみよう
「50銭だったね」と言われうなずいた
ときの私の気持ちは？
・お婆さんが間違えたらいいか
・これがあれば足袋を買える
・これくらいいいか
・まずいかな。でも…
・得したな
・僕のことを思ってのことかな
・お婆さんの「踏ん張りなさいよ」に
　見透かされた思いがした。

本時の展開 ▷▷▷

1 学習課題を設定する

必須発問①
人間として誇れるところ、逆に人間として弱いところは何だろう。

　はじめに、人間として誇れるところ、人間として弱い部分について自分の経験をもとにワークシートに書かせた後、類型化して黒板に貼る。タブレットで意見を一斉に提示することができればより興味を惹きつける導入になる。

　「私」が嘘をついてしまった場面とその後、苦しさが続く場面についての心の葛藤場面について役割演技か二重自我法により、自分の心の中を客観的に覗いてみる。そこから誇りをもって気高く生きる心があることを知り、自分なりの生き方を考えさせていく。

2 共通解を考える

中心発問
お金をかすめ取ってしまった後、なぜ苦しい日々を過ごしたのだろうか。

　苦しい思いをしたというところから、心の中にある良心の存在に気付かせる。生徒自身の体験を想起させ教材と重ね合わせることで自分事として考えさせる工夫をする。

　さらに「私」はお婆さんを訪ねるが、その行動に突き動かしたのはどんな思いからきたのかを考えさせる。お婆さんのところに行くまでの間、「私」はどんな思いで生活していたかについて想像させることが大切である。自分の生き方に恥じない気高い生き方の気持ちが大きかったことに気付かせ、学習課題に迫る。

テーマ　心の中にある二人の自分

○苦しい日々を過ごした。余分にお釣りをもらったときから今までの「私」の気持ちを想像してみよう。

○良心
・正直に返さないとまずいな
・人のお金なのに

心の迷い

○弱さ
・このぐらいいいか
・履物買える
・寒さをしのげる

「踏ん張りなさいよ」見透かされた思い

揺れ動く心
長年心に抱え続けた

| 反省 | 正直 | 自責の念 | 本当の自分を取り戻したい |

【生徒の意見】
・長年、お釣りを騙したことが頭から離れず気が気でなかった。
・ずっと忘れずにいたのは、自分の行動を本当に悔やんでいたから。
・正直に胸を張って生きてこれなかった。常に後ろめたさを抱えて生きてきた。
＊こんな経験をしたことがないか、生徒に問い、自分事として考えさせる。

人間らしさ

＊人間には弱さも醜さもあるが、気高く生きようとする強さもあることに気付かせる

共通解

○「私」はお婆さんからどんな心をもらったのだろう

・自分と向き合い正直に生きる心
・自分に嘘のない心

3 納得解と向き合う

必須発問②
お婆さんが「私」にくれた心とは何だろうか。

　お婆さんが「私」にくれた生き方を通して、自分なりの生き方を考えさせる。生徒一人一人の自分自身の考える「人としての気高い生き方」について書かせ、グループで話し合い共有化を図る。クラスで出た意見について、教師自身も参加し、今まで生きてきた中で教師自身が目指している生き方も話をし、生徒とともに考える生き方に結び付ける。

　最後に、授業から学んだこととして、気高い生き方、誇りある生き方で考えたことを書かせ、自分なりの納得解に結び付けさせる。

よりよい授業へのステップアップ

二重自我法で葛藤場面を可視化

　当時の金銭価値や雪の冷たさなどの説明を入れる。お婆さんのことを振り返り「私」はどんな生き方しようとしているのか、おばあさんと出会っていなかった生き方はどう違っていたのだろうか、といった補助発問を行いながら考えの幅を広げ、多様な意見を引き出したい。「私」の心の中にある良心と邪心が常に行き来する様子を板書で可視化する。それを元に「誇りある生き方」「自分に恥じない生き方」について考えさせることで深い学びにつなげていくことができる。

教材名　　　　　　　出典：東書

本当の私

主題 誇りをもって生きる

D ㉒よりよく生きる喜び

本時のねらい

　人は自分に都合のよい選択や行動をとりがちな弱い面がある反面、他人の目はごまかせても、自分はごまかせないという、自分に恥じることのないよりよい生き方をしようとする強い面も誰もがもっていることに気付かせたい。
　主人公のエイミーは陸上選手として金メダルを獲得したが、自分が使っていたサプリメントにドーピングの可能性があることを知る。そこで、二度と使わないと誓うが、再び使ってしまう。結果として金メダルを獲得するが、その後、ドーピングを自ら公表し、すべてを失ってしまったが、エイミーは心穏やかな気持ちで生活をしている。この教材を通して、自分に自信をもち、誇りをもって生きることに喜びを見いだす態度を養いたい。

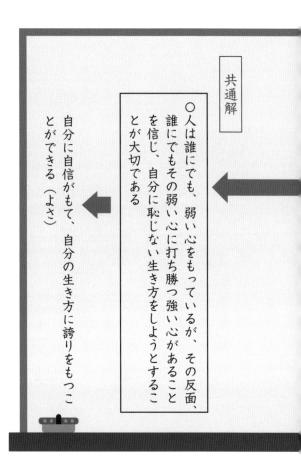

共通解

〇人は誰にでも、弱い心をもっているが、その反面、誰にでもその弱い心に打ち勝つ強い心があることを信じ、自分に恥じない生き方をしようとすることが大切である

自分に自信がもて、自分の生き方に誇りをもつことができる（よさ）

本時の展開 ▷▷▷

1 学習課題を設定する

必須発問①
3つの場面で、こういうとき、自分だったらどうするかを考える。

　3つの場面を提示し、こういうとき自分ならどうするかを考えさせる。
[場面①] 道に500円が落ちていたとき
[場面②] 100円多くお釣りをもらったとき
[場面③] 試験で先生が〇の数を間違えて70点なのに80点となっていたとき
　中学生だと、この内容は答えにくいので心情円盤を使って自分の考えを表現させる。場面ごとにお互いに様子を確認し合いながら、人は誰でも弱い心や醜い心があることを共有しつつ、本時の学習課題につなげるようにする。

2 共通解を導き出す

中心発問
ドーピングを告白したエイミーが心の中で考えていたことは何だろう。

　まず自分で考える時間を確保し、自分の考えをもった状況で、4名くらいのグループで話し合いをさせる。その中で自分の考えとどこが同じで、どこが違うのかをメモを取りながら聴くようにする。そしてグループで話し合った内容を発表させる。ここでは次のような発表が想定される。「このまま弱い自分でいることが耐えられなくなったから」「金メダルよりも、ありのまま自分でいることに価値があると思ったから」等々、ここでの内容を丁寧に整理しながら共通解を導き出すようにする。

教材名　「本当の私」

学習課題　「心の弱さ」に打ち勝つために大切なことは…

↔

自分だったらどうする

3つの場面提示

・正直に返す（正直に言う）
・そのまま貰ってしまう

＊ここでは、弱い心は誰にでもあり、どっちにしようか揺れる気持ちが誰にでも働くことを共有したい。

ドーピングを告白したエイミーが心の中で考えていたことは何だろう。

・このまま弱い自分でいることが耐えられない、もっと強い心をもたなければ
・金メダルよりも、ありのまま自分でいることに価値がある
・大切な仲間を裏切れない
・恥じることのない前向きな生き方をしたい

3 納得解と向き合う

必須発問②
これから生きていく中で、「弱い心」が現れたとき、どうしていきたいか。

2 で導き出した共通解である「人は誰にでも、気付かれなければ少しぐらいは…などと弱い心をもっているが、その反面、誰にでもその弱い心に打ち勝つ強い心があることを信じ、自分に恥じない生き方をしようとすることが大切である。そうすることで、自分に自信がもて、自分の生き方に誇りをもつことができる」を基準に振り返らせ、ワークシート（道徳ノート）に記入させ、何名かの生徒が書いた内容を学級でシェアし、個々人の納得解をより深めたい。

よりよい授業へのステップアップ

特別活動とのつながりを意識した工夫

　生徒たちは、学校の日常の係活動などにおいて、やる前からできないと決めつけて新たなことに挑まなかったり、不手際があったときに、正直に言わずにごまかしたり、取り繕ったりする場面が見受けられる。そこで、これを学級活動の議題に取り上げ、自分の弱さを克服することの大切さなどについての意識が高まるようにしておく。この状態で、本時の内容項目「よりよく生きる喜び」の授業に向き合えるようにすると効果的である。

4

特別支援学級における
道徳科授業の展開

　特別支援学級では、生徒の実態に合わせて教育課程を編成することができる。生徒の実態が「自己を見つめ、物事を多面的・多角的に考え、自己の生き方について考えを深める」という道徳科の特質を踏まえた授業が実施できる場合、通常の学級のように道徳科の授業時間を設置する。これは特別支援学級において各教科や道徳科等の授業時間を設ける「教科等別の指導」と呼ばれる指導の形態となる。

　特別支援学級で、通常の学級のように道徳科の授業時間を設置した場合、留意すべき点がある。それは、特別支援教育で原則となる「個に応じた指導」を常に念頭に置き、生徒に合わせた授業を実施する必要があることである。特別支援学級の生徒が抱える障害の特性や実態は様々であり、複数学年が在籍することも多いからである。ここでは、次の3つの視点から述べる。

1 「生徒の実態に合った教材」を使用する

　道徳科授業では、特別支援学級の生徒に適した教材を使用する必要がある。中学校の教科書教材には、生徒が理解するには文章が長すぎるもの、内容が複雑なもの、実感をもって考えづらいものもある。生徒が理解できない教材であれば、授業は成立しない。

　特別支援学級では、生徒の実態に応じて下学年の教材を使用することもできる。中学校教科書だけではなく、小学校教科書を使用することもできる（本時案に学年を記載）。

　道徳科授業では、教材理解に時間をかけずに、教材をもとにして本当に考えたい問題に時間をかけて取り組みたい。また、生徒の姿をイメージしながら、実態に応じた適切な教材を選択したい。

2 「個に応じたねらい」を明確にする

　特別支援学級の生徒が抱える障害の特性や状況は様々である。生活体験も生徒個々によるばらつきも大きい。同一学級に複数の学年の生徒が在籍していることも多い。こうした状況を踏まえ、道徳科授業では、生徒個別の道徳性の育成を目指すことが大切となる。

　道徳性とは、道徳的判断力、道徳的心情、実践意欲と態度を指す。通常の学級の道徳科授業では、一律に同じ道徳性がねらいとされるが、特別支援学級では、生徒に応じてねらいとする道徳性を設定する必要がある（本時案で「※」と記載）。

3 「個に応じた具体的な支援」を明確にする

　道徳科授業が成立するためには、生徒が抱える個別の困難さを理解し、授業の中での具体的な解決方法を考え、支援していくことが必要となる。生徒の実態を考え、子供たちに合わせた授業を構想するのである。この個別の支援に徹することで、特別支援学級での道徳科授業が成立させることができる（本時案で「◆」と記載）。

①文章を目で追うことが苦手な生徒
○本文を指でなぞりながら文章を読む。
○介添員さんが文章を指で指し示しながら一緒に確認しながら読む。
○文字を拡大した教材や、分かち書きした教材を準備する。

→言葉や話のまとまりで分かち書きをすると理解しやすいものになる。

②場面イメージを想像するのが苦手な生徒

○教科書のさし絵を拡大して掲示する。

→集中力が持続できない生徒が、黒板のさし絵を見に行き気分転換を図ることもできる。

○事前に教師が登場人物となり教材での考えるポイント部分を演じた映像を作成する。

→映像の登場する人物が知っている教師であることから生徒の興味が引かれる。

③取り組むことが分からなくなってしまう生徒

○取り組む学習内容を文字で黒板に掲示する。

→黒板に「考える」という文字を掲示して本時で一番考えてほしい内容を明らかにする。

○取り組んでいる内容を随時黒板にマークで示す。

資料1　表情絵

資料2　短文カード

④感情理解が苦手な生徒

○教科書のさし絵を拡大して掲示する。

→登場人物の表情から、登場人物の心情をつかみ取りやすくなる。

○動作化などの体験活動を行う。

→体験後に生徒は様々な思いを感じる。スキル習得のための体験にしてはならない。

○感情を表したイラストの「表情絵」（**資料1**）を活用して感情を理解する。

→「表情絵」を見ながら、登場人物の気持ちを理解していく。

⑤常に発言をしてしまう生徒

○発表者にはマイクなどの小道具を渡す。

○発表のルールを掲示し、必要に応じて確認する。

⑥感情表現が苦手な生徒

○感情を表したイラストの「表情絵」を活用する。

→自分の気持ちに合う「表情絵」を選び、それを見ながら自分の気持ちを文字化できる。

○書き消ししやすいホワイトボードを活用する。

→ホワイトボードを自席で記入し、黒板に掲示して発表できるようにする。

○「短文カード」を活用する（**資料2**）。

→「短文カード」から行動や気持ちを選び、言語化の手助けにする。黒板やホワイトボードに掲示することもできる。

○口答を拾い上げて言葉をつなぐ。

教材名　　出典：光村（小学校5年）

いこいの広場

主題 **責任ある行動とは**

A (1)善悪の判断、自由と責任

本時のねらい

　人はだれでも自由に考え、行動したいという思いをもっている。しかし、自由の意味をはき違えると、周りに迷惑がかかったり、自分の将来に影響を及ぼすこととなる。社会生活を営むうえでは、そこにきまりがなければならない。また同時にそこには責任も生じる。

　本教材は、広場でキャッチボールをする中学生に注意をするおじさんとの口論を主人公の「ぼく」が目撃し、納得しないまま立ち去る中学生を見て、「ぼく」だったらどうするかを考えるという内容である。

　自分の行動が周囲に与える影響を考え、責任ある行動をしようとする判断力を育てる。

※**全体としての本時のねらいは示すが、ねらいとする道徳性を個に応じて設定したい。**

○「ここは、みんなの広場だろう」の言葉に何を思っただろう？

◆挿絵を拡大して表情がわかるようにする

共通解
・みんなの広場だからみんなのことを考えないと
・これでは自分たちの広場になっている
・だれかにケガをさせてはいけない

★周りのことを考えながら行動していく

本時の展開 ▷▷▷

1 学習課題を設定する

必須発問①
「いこいの広場」とは、どんなところか考えよう。

　今までに広場（公園）に行ったことはあるか、そこで何をしたかを問いかけながら、それぞれの広場のイメージをもてるようにし、「いこいの広場」のイメージを全体で共有していく。広場の特徴について個別に問いかけていくことで、より具体的なイメージをもてるようにしていく。また、「いこいの広場」が、だれもが使えるところであることを押さえたうえで、だれもが楽しめる場所だからこそ、どんな場所であったらいいのかと問いかけながら、本時の学習課題につなげる。

2 共通解を導き出す

中心発問
「ここはみんなの広場だろう」という言葉から、広場を使ううえでの責任を考えよう。

　最初に主人公の「ぼく」が、キャッチボールをする中学生たちを気になっていた場面を取り上げる。どうして気になるのかと問いかけることで、ボールの行方や弟がケガをしないかなど、責任ある行動について考えることにつなげる。心情を表す表情絵を活用し、視覚的にも判断できるよう工夫する。次に、おじさんとのやりとりを見ていた「ぼく」が、立ち去っていく中学生を見て、何を感じたかを問うことで共通解へと導く。「ぼく」の内面に意識を向けるために、拡大した表情のさし絵を活用する。

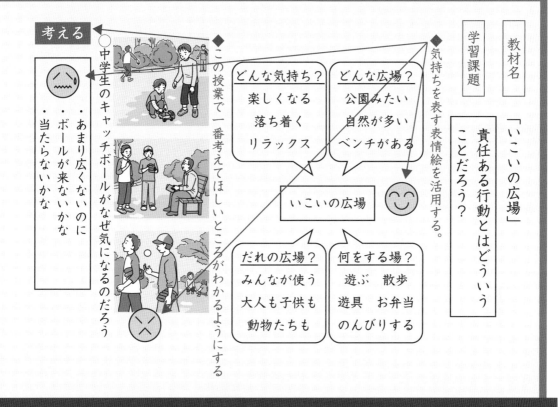

考える

○中学生のキャッチボールがなぜ気になるのだろう
・あまり広くないのに
・ボールが来ないかな
・当たらないかな

◆この授業で一番考えてほしいところがわかるようにする

どんな気持ち？
楽しくなる
落ち着く
リラックス

どんな広場？
公園みたい
自然が多い
ベンチがある

◆気持ちを表す表情絵を活用する。

学習課題	教材名

責任ある行動とはどういうことだろう？

「いこいの広場」

いこいの広場

だれの広場？
みんなが使う
大人も子供も
動物たちも

何をする場？
遊ぶ　散歩
遊具　お弁当
のんびりする

---

3 納得解と向き合う

必須発問②
自分があの中学生たちだったらどうすればよいのか考えよう。

　教材の終末部分にある「ぼくがあの中学生たちだったら、どうしただろう」の一文に注目し、共通解で導き出した考えをもとに、自分だったらどうするかを考える。自分で考えて行動する際に、何を大切にしなければならないのかをじっくりと考えることで、自分事として捉えられるようにする。

　また、中学生に足りなかったのは、どのような考えかを振り返ることで、行動には責任をともなうということを、あらためて考える機会とする。

よりよい授業へのステップアップ

◆挿絵の活用…じっくりと考える場面で、あえて挿絵の表情部のみを大きくして表示することで、視覚的に捉えやすくなるように工夫する。また、文章だけではなく、できるだけ挿絵を提示することで、場面イメージを具体的にもてるようにする。

◆表情絵の活用…それぞれの場面で心情を表す表情絵を活用し、心情の違いを視覚的にも比べられるようにする。

◆文字表示「考える」…黒板に生徒が行う学習活動を明示する。

教材名　　出典：教出（中学校1年）

あなたならどうしますか

主題 いじめを考える

C(II)公正、公平、社会正義

本時のねらい

　誰に対しても差別や偏見なく公平に接することは、一人ひとりが社会をよりよく生きるために重要なことである。しかし、偏ったものの見方や考え方から他者を傷付けてしまうこともある。また、不公正があっても多数意見に同調したり傍観したりするなど、正義を守ることに消極的になってしまうこともある。

　本資料はいじめの場面に直面した主人公の揺れを読み解いていく内容である。二話構成になっているが、登場人物がシンプルで分かりやすい前作のみを取り扱う。

　傷付く人の気持ちに寄り添い、強い意志でいじめを正そうとする実践意欲を育てたい。

※**全体としての本時のねらいは示すが、ねらいとする道徳性を個に応じて設定したい。**

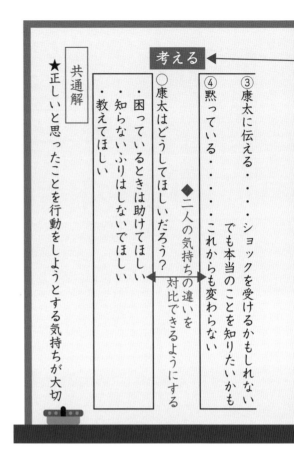

本時の展開 ▷▷▷

1 学習課題を設定する

必須発問①
「いじめ」とはどんなことなのか考えてみよう。

　「いじめ」とは何かを全体で共有する。生徒が、どういう場面をいじめと感じるかを引き出しながら板書していく。次に「いじめ」に直面したとき、どんな気持ちになるかを考える。被害者や傍観者の立場に限定することなく、「いじめ」そのものが心に与えるイメージを考える機会とする。生徒には、一般的な定義として「学校の内外に関係なく、生徒が心身の苦痛を感じているもの」が「いじめ」であることについても、しっかりと押さえて学習課題につなげる。

2 共通解を導き出す

中心発問
いじめられている人は、周りの人にどうしてほしいのかを考えよう。

　最初に正人の迷いに注目し、正人がそのあとどうするかを考える。教科書には6つの行動の選択肢が提示されているが、生徒が考えやすい4つの行動を考え、提示する。選択した行動の理由を明らかにし、行動したあとの状況を想像することで、イメージを広げていく。そして、視点の転換を図る。正人がどうしたいかではなく、康太がどうしてほしいと思っているかを問いかけることで、自分だけではなく、相手を大切に思う気持ちから、何をすべきか考えを深めることができる。

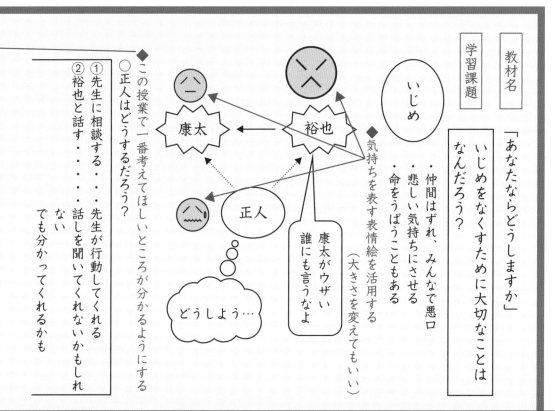

上部（教材の板書図）の内容：

教材名	「あなたならどうしますか」
学習課題	いじめ

◆いじめをなくするために大切なことはなんだろう？

- 仲間はずれ、みんなで悪口
- 悲しい気持ちにさせる
- 命をうばうこともある

◆気持ちを表す表情絵を活用する（大きさを変えてもいい）

康太「ハ」

裕也「メ」

正人「ハ」

どうしよう…

康太がウザい 誰にも言うなよ

○正人はどうするだろう？

◆この授業で一番考えてほしいところが分かるようにする

① 先生に相談する・・・・先生が行動してくれる

② 裕也と話す・・・・・話しを聞いてくれないかもしれない でも分かってくれるかも

---

3 納得解と向き合う

必須発問②
いじめられている人がいたら、自分はどうするかを考えよう。

「いじめ」を見過ごさない気持ちが重要となる。自分なりに正しいと思う解決方法をしっかりと考えたい。自分がどうすればいいのかだけでなく、自分の行動のあとのこともイメージしなければならない。いじめられている人はどうしてもらいたいのかを考えることも重要である。本時の流れに合わせて、いろいろな視点で考えられるようにする。

「いじめ」について、自分事としてしっかりと捉えながら、自分自身と向き合い、対話をする時間としたい。

よりよい授業へのステップアップ

◆教科書教材の修正…教材を生徒が理解することが難しい場合、簡単な言葉に言い換えたり、追記したものを使用したりする。今回の教材には、6つの行動選択肢が記載されている。これを生徒が理解しやすい行動を考え、選択肢として4つ提示するように修正する。

◆表情絵の活用…教材に登場人物のさし絵が掲載されていない。そこで、登場人物の名前と心情絵をセットにして提示することで、生徒が内容を理解しやすいように工夫する。

編著者・執筆者紹介

[編著者]
田沼　茂紀（たぬま　しげき）　　　　　國學院大學教授

[執筆者] ＊順不同、所属は令和 4 年 2 月現在

		[執筆箇所]
田沼　茂紀	（前出）	はじめに、第 1 章、第 2 章
水流　弘貴	福岡県中間市立中間北中学校教諭	ネット将棋／初心／挨拶は言葉のスキンシップ／門掃き
藤永　啓吾	山口大学教育学部附属光中学校教諭	許せないよね／ライバル／小さな工場の大きな仕事／テニス部の危機
奥山　裕太	札幌市立向陵中学校教諭	夢中になるのは悪いこと？／ゴール／異なり記念日
川野　光司	茨城県稲敷市立江戸崎中学校教諭	箱根駅伝に挑む／遠足で学んだこと／ハイタッチがくれたもの
菊池　雄一郎	岩手県滝沢市立滝沢第二中学校教諭	「自分」ってなんだろう／コトコの涙／和樹の夏祭り
宮田　雄介	新潟県長岡市立栖吉中学校教諭	優しさの光線／「いいね」のために？／一枚の布から
佐々木　篤史	弘前大学教育学部附属中学校教諭	左手でつかんだ音楽／違反摘発／危険地帯から実りのある土地へ
平　真由子	石川県白山市立松任中学校教諭	戦争を取材する／明日、みんなで着よう／奇跡の一週間／夜は人間以外のものの時間
根岸　久明	横浜市教育委員会北部学校教育事務所指導主事室・授業改善支援センター授業改善支援員	心に寄りそう／私のせいじゃない／たったひとつのたからもの／本当の私
吉田　修	東京都府中市立府中第九中学校長	帰郷／行動する建築家 – 坂茂／僕の仕事場は富士山です／足袋の季節
新井　紀美	千葉県流山市立おおたかの森中学校教諭	特別支援学級における道徳科授業のポイント／いこいの広場／あなたならどうしますか
笠井　善亮	千葉県流山市立東深井小学校長	特別支援学級における道徳科授業のポイント／いこいの広場／あなたならどうしますか

板書で見る全時間の授業のすべて
特別の教科 道徳 中学校 2 年

2022（令和 4 ）年 3 月20日　初版第 1 刷発行

編 著 者：田沼　茂紀
発 行 者：錦織　圭之介
発 行 所：株式会社東洋館出版社
　　　　　〒113-0021　東京都文京区本駒込 5 丁目16番 7 号
　　　　　営 業 部　電話 03-3823-9206　FAX 03-3823-9208
　　　　　編 集 部　電話 03-3823-9207　FAX 03-3823-9209
　　　　　振　　替　00180-7-96823
　　　　　Ｕ Ｒ Ｌ　https://www.toyokan.co.jp

印刷・製本：藤原印刷株式会社

装丁デザイン：小口翔平＋後藤司（tobufune）
本文デザイン・イラスト：藤原印刷株式会社

ISBN978-4-491-04788-1　　　　　　　　　　　Printed in Japan